高效对话

李　硕/编著

中国纺织出版社

内 容 提 要

我们在生活与工作中都离不开聊天，然而，很多人因为不会聊天，或者说了不该说的话而得罪人。实际上，无论是谁，都应该掌握聊天的技巧。如果与谁都能聊得来，工作和生活一定会大有改观。

本书从日常生活中的谈话技巧出发，以"聊天"为主线，教会我们与各种性格、身份的人更好地沟通。阅读本书，相信你能很快提升自己的聊天能力，进而让生活更美好。

图书在版编目（CIP）数据

高效对话 / 李硕编著. ––北京：中国纺织出版社
有限公司，2019.11（2023.7重印）
　ISBN 978-7-5180-6246-1

　Ⅰ.①高… Ⅱ.①李… Ⅲ.①语言艺术—通俗读物
Ⅳ.①H019-49

中国版本图书馆CIP数据核字（2019）第096557号

责任编辑：李　杨　特约编辑：王佳新
责任校对：武凤余　责任印制：储志伟

中国纺织出版社有限公司出版发行
地址：北京市朝阳区百子湾东里A407号楼　邮政编码：100124
销售电话：010—67004422　传真：010—87155801
http://www.c-textilep.com
E-mail：faxing@c-textilep.com
中国纺织出版社天猫旗舰店
官方微博http://weibo.com/2119887771
大厂回族自治县益利印刷有限公司印刷
2019年11月第1版　2023年7月第2次印刷
开本：710×1000　1/16　印张：13
字数：168千字　定价：38.80元

前 言

　　我们都知道，人与人之间沟通的主要媒介就是语言，会不会说话真的太重要了。在西方，有位哲人也说过："世间有一种成就可以使人很快完成伟业，并获得世人的认识，那就是口才。"这就强调了口才的重要性。当今社会，口才更是我们任何一个人都必须要掌握的一项基本的生存技能，是决定一个人做事成败的关键因素，而口才，应用到我们的日常生活中就是聊天。

　　的确，不管是在日常生活中，还是在紧张的学习、工作中，每个人都难以避免地要与他人聊天。现在，我们来想想看，在我们生活的周围，是不是有这样的人：他们看起来并不出众，但就是走到哪里都会受到别人的欢迎，成功也比别人来得更快！这是因为他们会聊天，事实上，任何一个成功者，他们的秘密都在于他们掌握了这种说话的技巧，总是能说出让别人感到愉快的话。并且，这些能说会道的人也总具备一种魔力，他们总是能用语言引导他人，让别人跟着他的思维走，为他所用。

　　当然，聊天并不是我们日常生活中的闲聊，而是一种技巧，一种与众不同的能力。会聊天的人，总是能左右逢源，他们能得到那些素不相识的

人的支持，能带动交际场合的谈话氛围，能消除与他人之间的误会，能说服他人、达到自己的目的。

会说话更是一种立足社会的能力，卓越的口才是增加自身魅力的砝码，更是让你在生活中、职场中御风而行的有力武器。好的口才可以改变一个人的命运，可以帮助你成就一番事业。

因此，我们必须从现在起，就在生活和工作中有意识地提高自己的聊天水平，因为任何人都不是天生的语言学家，都不可能生来就掌握说话的技巧。事实上，任何人，只要做到不断学习和提高，都能轻松驾驭语言，轻松地与人交流。

事实上，可能我们每个人都希望找到一个语言导师来帮助自己提高聊天水平。但寻找的过程是艰难的，这里，我们推荐一本枕边书——《跟谁都要聊得来》。

通过本书，我们能认识到聊天的能力在当今社会中的重要性，也能欣赏到那些聊天高手们是如何与人沟通的，本书从生活中的各个场景出发，给出了具体的训练方法，从而教会我们如何提高自己的说话能力，相信会对广大读者有所帮助。

编著者

2018年5月

目 录

第 01 章

见什么人说什么话，根据不同人的特性来聊天

生活中，我们发现，有这样一些人，他们拥有滔滔不绝的口才，总能很愉快地做成很多事情，使周遭人不知不觉就折服于其能力之下。因为他们懂得"到什么山唱什么歌，见什么人说什么话"——能根据不同人的特性，找到不同的沟通技巧和方式，将想要表达的内容动之以情、晓之以理地表述出来，使人如沐春风。

别眉毛胡子一把抓，针对不同性格的人说不同的话

性格不同的人，为人处世的风格也大不相同。很多时候，即使是同样的一句话，如果对性格不同的人说出来，效果往往大相径庭。例如你把一句话说给乐观开朗的人，他也许笑笑就过去了；如果你对悲观消沉的人说，也许会影响他的心境，使他变得更加低沉；如果你对敏感细腻的人说，他们或者会左思右想，最终心神不宁；对粗枝大叶的人来说，他们根本不会放在心上……总而言之，性格不同，对于这句话的反应也绝对不会相同。

在人际交往的过程中，要想达到事半功倍的效果，我们就要学会针对不同性格的人说不同的话。例如，对于性格外向的人，你只需要做好倾听的工作，对方就能保证不冷场，一直说下去；对于性格内向的人，要想从他口中得到更多的信息，你就要循循善诱，以温和的方式引导他有兴趣说下去；和执拗的人说话，千万不要与其针锋相对，而应该以委婉的方式努力说服他；和自以为是的人说话，虽然要给予他足够的尊重和认可，但是千万不要一味地忍让，适度地反驳也是有必要的……人的性格有多少种微妙的分类，我们的表达就应该进行多少种不同程度的调整，甚至有的时候，需要彻底改变方式，才能适用。

在这次招聘会上，小雅特别想找到一份合适的工作，如果是关于文字的工作，对于她安静内敛的性格而言就更合适了。为此，小雅拿着精心准备的简历在诸多的企事业单位中不停地筛选，直到看到一家大型国企要招聘行政人员，她才满心欢喜地把自己的简历递了上去。

负责招聘的是行政部的主管，看起来文质彬彬的，是个文化人。小雅小心翼翼地问："您好，张主管，咱们企业是要招聘文职人员吗？"张主管盯着简历快速浏览，头也不抬地点点头。小雅接着问："听说，咱们企业的待遇挺好的？"张主管有些疑惑地抬头看着小雅，不知道她到底想说什么。小雅满脸通红，有些害羞，过了很久才继续问："对于现在招聘的职位，您觉得文笔好的话，会有帮助吗？"张主管很不耐烦地抬头看着小雅，一字一句地说："你的各方面条件都不错，等通知吧。"小雅赶紧告辞了。等到小雅走了，张主管对身边的助理说："这个小姑娘各个方面条件都很好，符合咱们的招聘要求，但是太拐弯抹角了。我最怕这样的人，可不敢把她安排到咱们的部门里啊！"助理笑着说："那是，张主管，您可是向来都雷厉风行，敢想敢干的。这样吞吞吐吐的人，只怕咱们整个部门的人在适应了您的工作作风后，都接受不了。"

与一个直爽性格的招聘主管进行沟通时，小雅因为过于害羞和胆怯，失去了工作的机会。如果她能够察言观色，看出张主管的不耐烦，改变表达的方式，也许结果就会完全不同。不管是在生活中还是在工作中，要想把话说到他人的心里，我们首先应该了解他人的脾气秉性，从而调整自己说话的方式，做到投其所好，使谈话的效率成倍增长。

高效对话

需要注意的是，很多人的心口并不一致，就像古代的很多君主即位之后，总是要求大臣们直言进谏。有些大臣采取保守的态度，委婉表达，最终明哲保身，有些大臣呢，过于实在，果真怀着毫不客气的态度狠狠地批评了皇帝一通，最终不仅丢掉了乌纱帽，性命也不保了。在人际交往中，要想建立良好的人际关系，就一定要在了解他人的基础上投其所好，说话也是如此。

根据不同年龄段的心理特点，找到说话侧重点

不管是在家庭生活中，还是在社会生活中，我们所面对的未必都是同龄人。很多情况下，我们不得不和年纪相差巨大的人打交道，而且结果的好坏还直接关系到我们的命运。这种情况下，要想把话说对，说好，你就必须了解其所在年龄段的心理特点，才能把话说到他人的心里去。

对于年幼的孩子，我们谈论的话题应该围绕热播的动画片、玩具等，还要注意多多鼓励孩子，给予他们更多的信心；对于处于叛逆期的青少年，哄小孩子的那一套显然不管用了，在这种情况下，就要考虑到青少年的叛逆心理，因而言谈间要给予他们足够的尊重和理解；对于同龄的中年人，他们一定和你一样害怕面对容颜的消逝，因而要说些赞美他们年轻的话，投其所好；对于已经到了暮年的老年人，千万不要动不动就说夕阳红，或者人之将死之类的话，要知道人是越老越怕死的，我们应该避开衰老和死亡，带给他们更多的活力、朝气和快乐……总而言之，对于不同年

龄段的不同性别的人，我们在交谈的过程中应该有所侧重，这样才能博得他们的好感，使交谈更加顺利。

这几年来，爸爸妈妈一直跟着菁菁一起生活。随着菁菁的工作变动，他们千里迢迢地从东北搬家到北京，可没少折腾。直到菁菁结婚之后，爸爸妈妈的生活才算稳定下来，给菁菁带孩子，享受天伦之乐。

一个周末，全家人吃完午饭之后坐在一起闲谈，喝下午茶。说着说着，说起了叶落归根的事，妈妈感慨地说："孩子在哪里，哪里就是家。这些年我和你爸爸跟着你东奔西跑，现在你结婚了，也有了属于自己的小家庭，咱们这个大家才算安定下来。"菁菁突然间问："爸爸妈妈，如果有一天你们老了，是想继续留在北京，还是回到老家叶落归根？"爸爸毋庸置疑地说："当然是在你们身边啦！"这时，菁菁的老公不合时宜地说："北京的墓地很贵的。"这句话使全家人都陷入了沉默，大家都不知道该继续说些什么。菁菁狠狠地瞪着老公，说："什么墓地不墓地的，胡说八道什么？况且，爸妈为咱们辛苦一辈子，还不值一块墓地的钱么？"爸爸妈妈的眼眶红了，下午茶不欢而散，大家的心情都很沉重。

原本是很快乐的周末午后，因为一个不合时宜的话题，导致谈话陷入僵局。对于菁菁而言，父母已经跟随她很多年，照顾她，扶持她。如今，父母年纪大了，还在任劳任怨地帮他们带孩子，欠父母的恩情是无论如何也还不完的。原本菁菁问父母老了之后想在哪里生活，只是想要给父母更好的归宿，也怕父母为了帮助他们而不好意思提出要回家的事情，结果丈夫一句墓地很贵让整件事情都变了味儿。

其实，越是年纪大的人越是迷信，不愿意听这些晦气的话。丈夫的话

却把话题陡然扭转到关于生死的讨论上，对于年纪还不算老迈的父母而言，未免觉得有些晦气，又加上女婿担心昂贵的墓地，更是让他们感到心寒。其实有很多开明的老人都会提前为自己准备好墓地，甚至在生前就四处去看。但是对于大多数老年人而言，他们更愿意这么顺其自然地生活。

每个年龄段的人都有自己的喜好和忌讳，我们唯有更好地了解他人的内心，才能避免说出让他们感到晦气或者沮丧的话。在与他们交流的时候，也才能更加体贴入微地照顾他们的心情，使他们在交谈的过程中变得平静愉快。古人云，知己知彼，百战不殆。在生活的很多情境下，这句话都是至理名言，我们应该拿来借鉴。

表达重视，让对方感到自己很重要

心理学家指出，人性中，都有这样一个弱点，即希望得到他人的认同，那些能力突出的人，还希望得到他人的崇拜，因此，在说服过程中，如果我们能表达出对对方的重视和崇拜之情的话，就一定能打开对方的心房！

我们都知道，说服的本质就是让对方从内心接受我们的建议，所以，说服当中，攻心为上。真正会说话、懂说服技巧的人都懂得从人性的弱点入手，其中重要的一点是：表达重视，让对方感到自己很重要，这样便满足了对方以自我为中心的心理，也就打开了说服工作的大门。

我们先来看这样一个故事：

从前，一个秀才高中，马上就要到京城做官去了，离别前，他要向自己的老师拜别。

恩师对他说："京城不像家里，那里人心险恶，你需要求人办事的地方多了，切记一定要谨慎行事。"

秀才说："没关系，现在的人都喜欢听好话，我呀，准备了100顶高帽子，见人就送他1顶，不至于有什么麻烦。"

恩师一听这话，很生气，以教训的口吻对他说："我反复告诉过你，做人要正直，对人也该如此，你怎么能这样？"

秀才说："恩师息怒，我这也是没有办法的办法，要知道，天底下像您这样不喜欢戴高帽的能有几人呢？"秀才的话一说完，恩师就得意地点头称是。

走出恩师家的门之后，秀才对他的朋友说："我准备的100顶高帽子现在只剩99顶了！"

这个故事虽然是个笑话，但却说明了一个道理，那就是谁都喜欢听赞美的话，就连那位教育学生"为人正直"的老师也未能免俗。

生活中，我们在与人意见不合时，不必与之争执，因为你很难占上风，但你若能抓住其心理特点——表达你的重视和崇拜，采取曲折委婉的方式，那么，说服他人就会容易很多。具体说来，我们应做到：

1.说话时态度不妨诚恳一些

每个人都有戒备心理，尤其在没有确定对方是否友善之前，这时候如果你太过高调，往往就堵住了和别人建立平等互信的关系的大门，更别指望对方接受你的观点和建议了。

2.不要轻易卖弄自己的才华

也许你确实是一位出类拔萃者，你的学历高，技术硬，也许你所要说服的人无法与你比肩，但即便如此，在说话的时候千万不要卖弄你的才华，否则你根本不可能让对方真的认同你的想法。

3.重视对方说的每一句话

说服他人的目的在于交流意见、达成共识，只有重视对方说的每一句话，才能同样赢得尊重。

4.重复对方的话和对方的名字

可能有些人会问，这是为什么呢？其实，很简单，重复对方的话，表明你很在意对方的感受，听进去了他的想法。而不断地称呼对方的名字，往往会使刚刚才认识的人产生彼此已经认识了很久的错觉。

5.承认对方的能力

这是一种心理策略，因为任何人都爱听赞美与肯定的话。为他人叫好，并不代表自己就是弱者，为他人叫好，非但不会损伤自尊心，相反还会让对方接纳你，进而接纳你的想法。

6.委婉表达你与之不同的想法

你的目的是说服对方，所以表达对对方的重视也是为了让对方接受你的观点，而如果在沟通过程中你得理不饶人，只会事与愿违。为此，你不妨采取一些委婉的方式，来表达自己的观点。当然，言语委婉并不容易做到，它不仅需要懂得如何运用语言，比如，语气、词汇、句式等，还需要你做到思维敏捷，根据具体的语言环境运用不同的语言。总的来说，把话说得好听一点、委婉一点，往往比直来直去更能起到好的效果。

总之，我们每个人都希望获得重视，希望被人认可，希望成为焦点，同样，在说服他人的过程中，我们如果能满足对方的这一心理，那么，我们的说服工作一定能事半功倍。

说话前先倾听，鼓励对方多谈论自己

　　生活中，在与人沟通这一问题上，很多人存在这一心理误区，他们认为，说得多就是有口才的表现，同时，为了使他人接受自己的观点，他们总爱侃侃而谈，甚至口若悬河。殊不知喋喋不休只会让别人反感，我们真正要做的，是尽可能多地让对方说，给对方创造说话的机会，把自己变成以听为主的听众，因为每个人都有表达的欲望，鼓励对方多谈论自己，这样才是真正把握了话语主动权。

　　因此，我们要顺利达到自己的目标，就得掌握微妙的人性心理，并通过语言成功操纵对方的心理。所以，我们如果能在说话前先倾听，满足对方特定需求，那么，对方便会自发认同我们。

　　刘华在一家大型图书卖场工作，她很热爱这份工作，不仅因为她在没事的时候可以看各种图书，还因为她为很多读者推荐了适合他们的书籍。

　　有一天，卖场来了一位30岁左右的男人，他的脚步停留在一堆心理学书籍旁。这时候刘华走了过去，打招呼说："你好，先生，您是要购买关于心理学的书啊？"

　　客户回答说："我随便看看。"刘华知道客户不愿意跟自己说话，于

是，她站在一旁，并没有多说什么。这位先生又在心理学书籍书架旁翻阅了很久，不知道究竟买哪一本好，显得很左右为难。此时，刘华觉得时机已经成熟，于是，她再次走过去，对那位先生说："先生，请问你想购买什么样的书呢？"

客户："我想买一些心理学的书看看，但是我不知道该买哪一本好。"

刘华："是啊，现在的心理学书太多了，不知道您购买心理学书籍是出于爱好，还是有其他原因呢？"

客户："其实，我购买心理学书籍有很多因素，我本就比较喜欢这类的书，以前读书的时候错过了很多好书，现在想再买点这方面的书看，另外，我现在的工作也需要掌握一些心理学基础知识，但我对心理学知识是一窍不通。"

刘华："要是这样的话，我建议你买一些心理学基础知识，先了解一下，这本《心理学基础》就很不错。等你了解了基础再买别的吧，因为心理学非常的难，买得太难了，根本看不懂，还会给自己造成心理阴影。"

最终，客户选了一本《心理学基础》，高兴地离开了。

我们发现，案例中的图书销售员刘华是个善于把握客户心理，找出客户真实需求的人。刚开始，自己热情的帮助被客户拒绝后，她并没有继续"纠缠"客户，而是等客户真正需要帮助的时候再"出现"，在得到客户肯定的回答后，她开始一边倾听，一边引导客户继续说，进而逐渐让客户主动说出自己想购买的书籍类型，从而很好地帮助顾客做了决定，完成了销售。

那么，具体来说，我们应该如何鼓励对方多说话，进而满足其表达自我的心理呢？

1.集中精力，专心倾听

这是达到良好沟通效果的基础，当然，要做到这一点，你就应该做好充分的准备，这不仅包括身体上的，还包括心理上的，在交谈中表现得无精打采、情绪消极都会使得倾听收效甚微。

2.不随意打断对方谈话

任何一个人，都不希望自己在说话情绪正高的时候被人打断，一旦你打消了对方说话的积极性，那么，沟通就可能陷入瘫痪状态，此时无论你说什么，对方也很难听进去了。

3.注意对方的反馈

所谓对方的反馈，指的是对方发出的、能被我们识别的信号。比如，对方的某些动作，摇头、皱眉等，都带有一定的含义，需要我们认真观察和体会，在此之后，我们便能调整自己的话题，相反，如果我们没有识别出对方的这些信号，沟通可能就会出现障碍。

4.适当发问

对方说话时，原则上不要去打断，可是适时的发问，比一味地点头称是更为有效。一个好的听者既不怕承认自己的无知，也不怕向说者发问，因为他知道这样不但会帮说者理出头绪，而且会使谈话更具体生动。

可以提些诸如"你认为这就是问题所在""你的意思是……""你能说得明白一些吗"等问题。这些提问有助于你获得更多信息，并理解问题的各个方面。

5.澄清对方的谈话

在倾听完对方的话后，我们要加以反馈，向对方阐明你是如何理解他的意图的。你可以使用这些话语："我刚才听你说……""我理解你主要关心的是……"或者"……我说得对吗？"

其实大多数口才好的人除了拥有一副三寸不烂之舌外，同时更是良好的听众。交谈中如果不善于倾听，就容易造成误解，双方都无法把握对方的真实需求，导致与对方的真实意图背道而驰！

当然，要想真正说服对方，最好还应在沟通前花费一定的时间和精力对对方的具体情况进行研究，这样在说服过程中才能有的放矢。

放低姿态，"故意"让对方在争辩中做个赢家

心理学家指出，喜欢争辩是人的天性，因为人们都希望自己的意见被认可、观点被认同，自以为是也就成了人类的弱点。这为我们参与人际沟通、说服他人提供了心理学依据，也就是说，要想真正说服他人，我们不妨放低姿态，"故意"让对方在争辩中做个赢家，满足其虚荣心，这样，说服工作便能顺利进行。

小王是一家药品卖场的导购员，有一天，有位顾客前来买药。

小王："先生，请问您需要购买什么方面的药？"

顾客："都有哪些胃药？"

小王："我们这里胃药很多，不过我推荐您购买A厂生产的胃药，这是

市场上很畅销的品种。"

　　谁知，这位顾客撇撇嘴，冷笑一声："这种药品只能去蒙普通人，这厂家用的药材都不是从正道上进的，质量差得远了。我还听说几个月前，这个厂因产品出现质量问题，差点被告上法庭，你说，这种药品，我敢要吗？"

　　小王一听，知道遇到内行了，她立刻改变策略，恭维道："您真行！这么内幕的事都能知道，跟您相比，我们导购员真是井底之蛙了。"

　　顾客："那是！我代理过某药品好几年了，医药行业的这点破事，哪能逃过我的耳朵。"顾客得意洋洋。

　　小王："原来是老前辈！刚才我还跟您荐药，真是班门弄斧了。那您觉得用哪个厂生产的药才放心？"

　　顾客："告诉你，B厂生产的药比较可靠，他们靠近原料产地，厂长为人也实在，估计B厂生产的药品不会差到哪里去。"

　　小王趁机说道："跟您聊一会，真长见识！您要几盒？我给您拿去。"听罢，顾客痛快地要了两盒。

　　顾客离开前，小王还不忘恭维道："以后，您要常来药店指导工作呀！"

　　每个顾客在购买前，都会对所购买的产品进行一番了解，这是人之常情。一般情况下，这也是导购员所能应付的，但如果遇到的是和案例中一样，对产品有很深研究的顾客，我们就要改变销售策略。案例中的导购员就是利用了顾客的这种优越感，对顾客进行了一番恰到好处的恭维，因为专业型顾客自己心中有数，基本上不会听导购员的意见。与其费尽口舌荐

药，还不如以请教的姿态，主动倾听顾客的见解，满足其心理。只要掌握好专业型顾客的心理，买卖同样能做成。

那么，在具体的说服过程中，我们该如何让对方赢得争辩呢？

1.处变不惊，冷静应对

一般来说，人们在争辩中都会表现出一副盛气凌人的姿态，希望通过滔滔不绝的陈述来压倒对方，但此时，你一定要冷静，绝不能畏首畏尾，不与之辩论，要知道，一开始就承认自己失利，会让对方质疑你的动机。当然，我们依然要把握与对方辩论的度，我们的最终目的是说服对方接纳我们的观点，如果惹恼了对方，那么，接下来的说服工作就很难开展了。

2.表达敬佩，满足其自我满足的心理

比如，作为销售人员，当顾客叙说的时候，我们可以对他们渊博的学识表现出敬佩的样子，这不仅能让他们自我满足的心理得到满足，也会让他们为了表现自己而向我们传授更多知识。

3.适时放弃"观点"，让对方认为自己辩论成功

正如案例中的导购员小王一样，当发现谈话趋势明显偏向对方时，便可告诉对方："好吧，我认可你的想法。"当然，这里，我们放弃的"观点"，只是一个诱饵，并不是我们的最终目的。

4.表达认同，但要先停顿一下

当对方讲完以后，你不要凭自己一时高兴，想到什么就说什么，而应该先暂时停几秒种，确保对方已经讲完你再说话，否则，假设对方只是暂时停顿整理思绪，那么，很明显，这时插话只会让对方心生反感。同时，这样做，还有另外两个好处，你的沉默表示你对对方刚刚所说的话非常重视，这是一种最大的恭维。第二个好处就是给自己留下思考的空间，可以准备如何应对对方的发话。

5.适当使用讨教的语气求教

我们可以降低姿态，以讨教的语气进行交流，比如，你可以问对方："请问，您刚才说的电脑配置，指的是哪些方面呢？"如此讨教，一来会体现出你在认真倾听，二来可以满足对方好为人师的心理，以此来促成销售。

西方有句格言："请用花一样的语言说话。"自以为是是人性的弱点，在说服他人时，如果我们以说教的方式劝对方接受我们的意见、放弃自己的想法，恐怕是不起作用的，如果你想获得成功，就不妨让对方在辩论中胜出，并多说些甜言蜜语，使你的语言像花一样绽放，让对方心情愉悦起来，与你进行很好的交流，为说服对方奠定一个好的基础。

表达批评的时候，应做到间接委婉

心理学家研究表明：人的内心有一个自我评断的机制，当犯了错误的时候，我们会受到良心的谴责。这时候，我们内心更渴望别人的谅解，找到正确的方向。在指出他人的错误时，如果你能点到为止，则会让对方觉得你很尊重他，否则，你的指责会引起对方内心的抵触和对抗，这会使他在逆反心理的作用下，继续坚持自己的错误，这与批评教育的目的大相径庭。因而，我们在表达批评的时候，应做到间接委婉。

在生活中，这样的例子非常多。小王是一名商场的销售主管，她每天都要在商场里巡视。一天，她在例行巡视时看到一位顾客站在柜台外面，面前却没有售货员招待她。原来售货员们都在不远的地方说笑，没有注意到这位顾客。小王没有责怪售货员，而是默默走到顾客面前招待起她来。小王的这种做法使那些售货员注意到了自己的失职，她们马上过来积极地招待顾客。小王没有直接严厉地批评售货员，她们自然没有因为逆反心理而产生对抗情绪，相反，委婉的指正让下属认识到了自己的错误，可见，委婉的指正胜过直接的批评。

那么，在批评别人的时候，如何才能做到委婉一些呢?

1.夸赞对方还没形成的优点

夸奖对方还没有形成的优点，是一种不满情绪的表达，是一种赞扬性的批评。因为他在这方面没有优点，反而是犯了严重的错误，本应该受到批评，但是却受到了表扬。我们强调这些的时候，对方也会引起重视，改正错误。别人只是在强调这些方面，希望能引起你的注意。

2.肯定对方的积极态度

不管对方是犯了错误，还是失败了，他们的努力付出是抹杀不掉的。这时候，与其去指责他们，倒不如肯定对方的积极态度，让他更加有信心。比如：代表班级参加比赛的同学没有拿到名次，不要怪罪他能力不行，而要肯定他的努力付出，这样，对方内心的愧疚感也会得到适当的缓解。

3.批评同类错误来加以影射

在别人犯了错误，你又不好意思直接指责和批评对方的时候，不妨批评和对方所犯的错误同类性质的错误，把你的不满和指责委婉地传递给对方。因为没有所指，所以没有针对性，即使对方不愿意听，或者是有想法，也不会直接反击你。

4.把你的希望表达出来

尽管别人的表现与你期望的还有一段距离，但是这时候不要指责别人，而要在肯定对方的同时，把你的希望和寄托说出来，让对方明白自己还有多远的距离。比如：孩子的字写得很难看，你与其指责，不如说："你已经写得不错了，要是再耐心一些，认真一些，效果会更好。"这样，你的鼓励会让孩子更加有信心。

有位心理学家曾说过，"一个批评与被批评的过程是批评者与被批评者在思想、感情上的相互交流与认同的过程。"这种情况下，如果不小心，可能会使对方很难堪，破坏了交往的气氛和基础，并因此带来一系列严重的后果。所以，要指出别人的错误，也不可太过直接，间接委婉地表达或许更能让对方认识到错误。

第 02 章

增强你的谈吐魅力，让大家愿意主动与你聊天

　　在交际场合中，一个谈吐有魅力的人远比那些徒具美丽外表的人更能引起别人的兴趣。一个人漂亮的外表固然重要，但是漂亮的容颜却会随着时间的消失而改变，只有由内而外散发出的魅力才会伴随终生，并且，魅力谈吐不仅能够正确地表达信息，还能传递出一种吸引力、感染力，深深地吸引着身边的每一个人，进而让大家愿意主动与你聊天。

文质彬彬谈吐优雅，提升你的修养

　　一个不修边幅、举止粗鲁、满嘴齐东野语的人，给人留下的印象是粗鄙和野蛮的，与其交谈往往是话不投机半句多。而一个衣着考究，仪表堂堂，谈吐间优雅从容、哪怕是开个玩笑都带有含蓄的幽默感的人，所体现出的涵养气质很容易吸引别人，人们更愿意倾听他，还会在与之交谈的过程中受益匪浅。

　　孔子说，"无友不如己者"，鼓励人们和优秀的人士交往，获得个人境界的提升。人们都愿意和有气质有内涵的人成为朋友，而对粗鲁的人却是厌恶到了极点。因此，在交际场中，我们要学会运用正确的讲话方式，每一个词汇，讲话时的姿势、表情都要做到优雅大方，这样才能获得别人的好感。

　　优雅的谈吐举止、措辞的技巧和先天的条件没有丝毫的联系，它们主要来源于后天不懈的努力和追求，谈吐优雅不是一朝一夕之功，而是要在日积月累之中去完成。文质彬彬谈吐优雅，并不是装腔作势，刻意模仿优雅人士的外形而不注意内心文化修养的提升，最终不过是邯郸学步，东施效颦，适得其反。因此，在日常生活中，我们要注意对这方面知识的学习和技能的培训，大致说来，练就优雅的口才主要有以下几种方式。

1.在生活中加强知识沉淀

俗话说"厚积薄发"，一个人收放自如的谈话能力绝不仅仅是技巧性的问题，而是对生活经过思考、学习和研究才有的结果。因此，在生活中，不能忽视学习的重要性，需要每天为自己充电，对所见所闻都要进行思考从而锻炼思考能力和概括能力，并以此来作为提升自己的一个有效途径。只有这样，你才能在张口说话的时候不至于心虚，避免让别人对你皱起眉头，甚至转身离开。

2.表情自然，举止得体

与人相识，第一印象是最重要的。在见面的时候，双方都需要自我介绍一番，自我介绍的过程，也正是展现一个人修养品质的过程。一定要做到举止优雅、仪表大方，表情自然而真诚。在自我介绍的时候，万万不能毫无自信唯唯诺诺，更不能面红耳赤，双手不知道放在什么地方，两眼只知道盯着脚尖，这样会有失风度。在自我介绍的时候，我们可以将手放在胸前，语气自然、表情从容，语速不急不缓，语言清晰优美，这样才能获得别人较高的评价。

3.充满自信，切忌自大

与别人交谈的过程中，每个人都想获得对方的认可和重视，这就需要一个有效的自我推销和包装方法。推销自己的前提是做到自信，只有自信，我们才会发挥出正常的状态。因此，我们不妨用闲聊的方式，来展示自己的特长以及才华，比如将自己的能力穿插在个人经历的讲述中去，用谦逊的语气来陈述，让别人了解你的同时又不会觉得你是在自吹自擂。假

如用自我炫耀的口气大肆渲染个人能力的话，会给人留下自高自大印象，让别人对你失去信任感，因此，你一定要注意谈话的方式，掌握适度的原则，给人留下自信、谦虚而又不卑不亢的深刻印象。

4.措辞要谨慎

与人交往的过程中，难免要在事业以及对社会现象的认识上有一定的交流，措辞的问题至关重要。比如在谈论社会现象的时候，万万不能运用一些"道德沦丧""世风日下"等太过偏激的词语，以免给人带来愤世嫉俗的印象。在交际中虽要讲究温文尔雅，但并不是要夸夸其谈，满口子曰诗云，卖弄自己的才华，而是要有礼有节，既不能说粗俗的话，也不能过于迂腐，否则的话，就会弄巧成拙，让别人不屑与你进行更进一步的交谈。

好口才可以秀出一个人的品位和成就

在生活中，我们随时都要准备和别人进行交流。每个人的一生，都是在不同交际场合的转换过程中开始、完成的。人生就是一场脱口秀，口才可以秀出一个人的品味和成就。说得好的人才能够做得好，因为一个好的口才可以换来好的交际圈，从而拥有很多可以推心置腹的朋友。

我们对每一天的遭遇都无法进行准确的预算，也就不可能事先彩排每个场合。但是话说回来，正是这些无法彩排的遭遇和经历，才见证了一个人口才的真实功底。当一个人在任何情况下都能侃侃而谈，与不同职位、不同文化修养的人都能寻找到共同话题，那么他的交际能力绝对是出类拔萃的，获得成功也就理所当然了。

　　在毫无准备的情况下去讲话和发言其实并没有太大的难度。只要我们能够镇静一点，从容一些，充分地发挥个人的聪明才智，就一定能够取得很好的说话效果，也能够得到别人的支持和赞扬。

　　田中义一是日本著名的政治家，他能够应付各种各样的社交场合，和不同职业、不同信仰、不同层次的人都能够打成一片。因为他懂得利用人们的亲近心理，来营造温馨的环境，从而取得比较完美的交际效果。有一次，他到北海道进行政治考察，许多当地知名人士都前来欢迎他的到访。他拉住一个衣着考究、举止文雅的中年男子的手，紧紧地握着，十分热情而又诚恳地说："感谢您在百忙之中能够来到这里，太感谢您了。请问，令尊大人还好吗？"那个人对此激动得说不出话来。亲切的话语，真诚的表情，让很多人感觉两人是至交。

　　政治考察取得了圆满的结果。返回的路上，他的秘书依然对田中义一在北海道的表现感到不解，忍不住问道："那个中年男人是谁啊？我怎么从来没有见过？"田中义一的回答让所有人都感到非常意外："我也是第一次见到他，当然不知道他是谁了。"秘书更加不解了："那您为什么还亲热地问起他的父亲？"田中义一意味深长地说："谁都是有父亲的。"

　　每个人最关心的，是自己最亲近的人，如果一个人能够对我们的亲人表示关心，那么这个人就能赢得尊重，让我们产生亲近的感觉，也让两个陌生的心走得更近一些。田中义一能够在与对方沟通时选择一个比较好的切入点，从而让支持他的民众对他产生信任感，从而在感情上对他拥有认

同感。

如果在交际过程中，严格地遵循一套公式，循规蹈矩，就会失去灵活性，让人感到索然寡味，从而丧失了和你交往的兴趣。我们应该学会的是在较短的时间、不同的场合应付自如。这就要求我们在积累生活知识的同时开动脑筋，寻找双方的共同语言，抓住对方感兴趣的话题，领悟到语言的魅力和精妙，从而提升自己的交际水平。

个性的语言风格能有效地打动人心

每个人都有自己独特的语言风格，这样的语言表达风格源自于其独特的个性，因此，每个人的语言风格都是独一无二的。所谓个性，是指每个人本身特有的魅力，而不是自我表现。当我们拥有了一定的语言风格之后，还需要在此风格之上烙下个性的印记，这样才能有效地打动人心。毕竟由个性修炼出的独特语言风格，会迸发出强大的影响力，而这恰好可以征服人心。真正的个性语言风格体现的除了本人的音色特点之外，还包括了发声方法、独到的体验、感受，独特的语言表达方式以及个人的素质、修养、性格、审美情趣等等，所以，这样的语言是鲜活的、生动的、富有生命力和感染力的，是富有魅力的语言。

独具个性的语言风格的魅力在于它的鲜活，富有感染力，任何一种"腔调"，任何一种"模式"都不能称之为"个性风格"。然而，在个性语言风格的创造中，语言表达的基本技巧是很重要的，许多人之所以陷入一种"腔调"或"模式"中不能自拔，除了没有具备独特的个性风格，根本的问题就在于基本功不到家，不能灵活地驾驭语言。由个性修炼出来的语言风格，可以有效地打动人心。比如电视连续剧《慈禧西行》片尾的二十四节气歌，本来不过是对一年四季变化的言语诉说，却是街坊小巷孩子们最喜欢朗诵的童谣，这些传播使得原本的内容多了些内涵，令人感受到历史的沉重、岁月的无情以及人生的不易，这就是个性语言风格的魅力。

亚伯拉罕·林肯是美国第十六任总统，也是世界历史中最伟大的人物之一，领导了拯救联邦和结束奴隶制度的伟大斗争。他于1809年2月12日黎明出生在肯塔基州哈定县霍尔以南3英里的小木屋里，用他自己的话说，他的童年是"一部贫穷的简明编年史"。小时候，他经常帮助家里搬柴、提水、做农活等，尽管他仅在边疆受过一点儿初级教育，担任公职的经验也很少，然而，他那敏锐的洞察力和深厚的人道主义意识，使他成了美国历史上最伟大的总统。他正直、仁慈、坚强的个性使得他的语言体现出朴实、真挚的风格，而且，出生于贫民家庭的他在说话时始终带着温和的语调，因为他心里总是记挂着那些贫穷的人们。

独具个性的语言风格不是一种固定的腔调或模式，它是在深厚语言功力的基础上逐步探索和创造出的一种灵活运用语言表达技巧、巧妙驾驭语言的独特风格。其魅力在于能让对方在与你的交谈中领会丰富的感情并受到深刻的启迪。所以，为了有效地打动人心，我们应该在自己的语言风格上落下个性的印记。

1.把个性融入语言风格

一个人要想通过语言来达到影响他人心理的目的，就必须提高自己的说话说平，掌握一些必要的语言表达技巧，形成自己独特的语言风格。比如，马克思的严肃，列宁的尖锐，毛泽东的风趣，周恩来的细腻，邓小平的坚毅，等等，他们的语言风格都落上了个性的印记。

2.长期实践，刻苦训练

1952年，尼克松与丘吉尔的儿子伦道夫交谈时，当尼克松对丘吉尔的演讲口才风格表示十分钦佩时，伦道夫笑着说："那些演讲精彩是应该的，他用了大半生时间写讲稿并记熟它们。"正所谓"风格如其人"，个性语言风格的形成，是一个反复实践、探索、体验的渐近过程，因此，要想形成独具个性的语言风格，唯一的途径就是长期实践，刻苦训练。

修炼独特的声音，以此感染他人

在日常生活中，每个人的声音都各有特点，有的声音洪亮，有的声音沙哑；有的声音尖细，有的声音粗重；有的声音清脆如玉珠落盘，有的声音却薄如金属之音。我们通常不用眼睛看，只要听到对方的声音就能判断出这个人是谁，由此可见，一个人说话的声音能够有效地为其贴上标签，也就是我们常说的"闻声辩人"。同时，独特的声音还能够感染他人，比如百灵的鸣叫能够使人心旷神怡，嘹亮的军号能够使人精神抖擞。声音能够有效地影响他人心理，比如，鸟儿在求偶时声音变得异常"婉转"，而人在青春期时对甜言蜜语的反应也很强烈。

一个人的声音不仅能够感染他人，还能够反映出自己的一些信息，比如，内心所想、职业，等等。一般而言，当内心通畅的时候，声音就会清亮；内心平静的时候，声音就会平和；内心兴奋的时候，声音就会变得有点尖锐。现代心理学认为，不同的声音会给人带来不同的感受，比如，声音洪亮会给人一种热情的感觉，声音低沉会给人一种成熟的感觉，声音清脆会给人一种朝气蓬勃的感觉。声音可以为你的语言表达增加筹码，不管你是在聊天，还是在说服对方，它都具有很好的作用。当然，每种声音都有利有弊，不能一概而论，哪种独特的声音比较招人喜欢，这也与说话的对象、内容、地点等有直接的关系。

那么，如何通过声音来感染对方呢？

1.自我调节

有时候话说得太多了，声音状态也会相应地变差，这就需要自我调节。当你精神状态不是很好的时候，一定要注意自己是否在板着脸说话，即使是通过电话交流，对方也能从你的声音中感受到你的精神状态，所以，我们在说话时一定要注意随时调节自己的声音状态，使其尽量保持在最佳状态。

2.适当停顿

在语言表达过程中，停顿也能带来好的气场。当你表达了大部分内容的时候，需要稍微停顿一下，适时的停顿可以有效地吸引对方的注意力，如果对方示意你继续说下去，那表示他在认真听你说话。同时，停顿下来，对方有可能会向你提出问题，在一问一答中气氛自然会好。

3.语速舒缓

在增强声音的感染力方面有一个重要的因素就是说话的语速要舒缓，如果语速太快，声音就会显得急促不安，不可能产生温馨的气氛，而且对方有可能根本没有听清楚你在说什么。要想让自己的声音具有较强的感染力，就要从放缓语速开始，注意沉住气，慢慢地说，这样就能有效地影响对方了。

增强语言感染力，调动对方的情绪

在日常交际中，我们说话要表现出一定的气质，且极具感染力，这样才能更好地展现出我们自身的魅力与形象，也才能更好地打动对方。如果你说话时软绵绵的，死气沉沉，那么，对方就会对你失去兴趣，也会对你的说话水平感到质疑。我们在说话的时候，应该潇洒一些，使语言更富有生气，富有感染力，这才是语言表述中一个极为重要的方面。说话的目的是为了更好地沟通，要去调动对方的情绪，这样才能更好地打动对方。在生活中，我们经常会看到这样的场面：自己一个人在唱独角戏，对方却显得躁动不安。如果我们的说话换来的只是对方的毫无反应，那只能证明这次沟通的失败；相反，如果你的语言极富感染力，能够使对方喜笑颜开，那么，则证明这次沟通是成功的。如何才能使语言有感染力呢？有时候，我们可以运用一些幽默的语言来调动对方的情绪，因为幽默的语言能够给别人带来快乐。如果我们在说话的过程中，使用一些幽默语言，就可以调动对方的情绪，还可以展现自己的语言魅力。

那么，在现实生活中，我们如何才能使自己的语言具有强大的感染力呢？

1.使用幽默的语言

幽默的语言可以为你的表达带来趣味性，那么，再枯燥的话题在加入了幽默的语言之后，都会变得有趣起来。而这恰恰增加了语言的感染力，从而吸引对方的注意力，使其能够专注地听我们讲话，以便达到更好的沟通效果。

2.选择合适的话题

几乎所有的人都会怀疑，自己选择的话题是否能提起对方的兴趣，其实，只有一个方法能让对方感兴趣：首先点燃自己对该话题的狂热，再感染对方，这样，就不怕吸引不了对方的兴趣了。另外，说话的时候，需要全情投入，不要抑制自己的情感，真实情感的流露能为你的语言增添一定的感染力。

3.精彩的开场白，能够吸引听众

精彩的开场白给人的印象是深刻的，能起到先入为主、吸引听众的效果。精彩的开场白往往能像磁铁一样紧紧地吸引住听众，提高整个沟通的基调，增强他们对你讲话内容的兴趣，俗话说："良好的开端是成功的一半。"

好的开头可以一下抓住听众的心，给人以深刻的印象，吸引人们继续听下去。就像看一本精彩的小说，开始就兴味盎然，人们自然急于了解下面的情节。开场白还要尽量避开那种陈旧死板、千篇一律的格式，你要根

据讲话内容的实际或讲形势，或道特点，或提要求，要因境制宜、灵活构思、巧妙设计，让听众在不知不觉中进入你精心设计的"圈套"。

4.讲有趣的故事，调动听众积极性

像所有的孩子一样，每个人都于倾听有趣的故事。你可以在讲话的过程中，巧妙地引入一个与你话题相关的故事，那些引人入胜的故事情节可以很好地调动听众的情绪，他们会很期待地等着你的讲述。当然，你一定要选择合适的、有趣的故事，不然，就起不到作用了。

得体的问候，为自己的形象加分

见到熟人或者接待客人时，人们经常说"早上好""晚上好""见到你很高兴"，这其实就是一些比较普遍的问候语。人们一见面，问候是不可缺少的一个重要环节。我们在写信、打电话时，首先要向他人问好，还有遇见熟人相互打个招呼，像这些都是我们所说的问候。如何问候他人是一门艺术，问候得体，别人会很开心，不得体，会影响朋友间的关系，甚至会让朋友反目成仇。

林曦是北京一家电影公司的公关部经理。她面临着巨大的职业挑战，同时又必须面对许多现实的东西，像人际关系的处理、家庭生活的和谐等，但她巧妙地使这些烦琐的事情顺畅了起来。

比如，她的下属总会在某一个繁忙的下午突然收到一张上面写着诸如"你辛苦啦""你干得非常出色"之类的小卡片。而在她丈夫生日的那一天，她总会努力举办一个家庭小舞会，而且一个人事先布置好。就这样，在繁忙工作的间隙，她并没有花太多的时间，却给他人送去了一份又一份快乐。

林曦对自己的这一做法解释说："大家的节奏都那么快，大部分人都忘了一些最基本的问候，认为这些是无足轻重的小节。其实正是这些细小的方面使人与人之间的情感变得不那么紧张，我就想：为什么我不能做得更好些呢？"

她又说："一份小小的问候就能体现出一个人的真挚和诚意，使他人感到温暖。人与人之间渴望交流，而这些细小的方面是最能体现出你的那一份心意的。这是对我个人形象、风度的一个最佳传播，当她们看到那张卡片的时候，就一定会想起我，而且在她们心中隐含着对我的那一份谢意，会使她们更认为我是一个完美无缺的人，她们总会想到我好的地方，不会注意我的缺陷。"

一句问候语往往包含了三种含义：我把尊重送给你、我把亲切感送给你、我十分珍惜我们之间的友谊。而当我们把这三样礼物，通过一句问候语送给对方的同时，也表现出了自己的热情、开朗、风度以及涵养。

"只要热情犹在，哪怕青春消逝"是有道理的。"你好吗？""早啊！"此类的问候语，能够使我们和他人之间产生和谐、友善、热情和尊重的气氛，就像"请""谢谢""对不起"一样，都能起到调适心灵的作用，表现出我们对他人的尊重和与人为善。总的来说，真诚的问候语是社交中必不可少的润滑剂。

问候是有讲究的，在打招呼之前大家不妨仔细看看下面的注意事项：

1.避免急于传授你的道理

与人闲谈，重要的不是内容，而是交流情感的形式。最忌讳一上来就满口"之乎者也"地讲大道理、说正经事，给人留下炫耀的印象。与人闲谈，尤其是和还不太熟悉的人闲谈，最好说些老生常谈的话题。记住，人们在乎的不是你说什么，而是你说话的方式和态度。

2.灵活运用各种方式

打招呼的方式可以灵活机动，多种多样，可以问好、问安，可以祝福，可以握手，甚至可以拥抱，可以点头，可以挥手、招手，可以微笑，可以喊一声，可以叹一声，等等。打招呼的时候，要根据当时的具体情况，表示出对他人的尊敬和重视。

3.称呼对方，懂得尊重

问候他人时，少不了要以适当的方式称呼对方。在问候中省掉称呼，或是直接以"哎"来代替称呼，均不大合适。因为我们每个人都希望被他人尊重，而称呼是否得体往往与对他人尊重与否紧紧联系在一起。

相互间的问候是友好对话的基础。真心实意地去问候他人，才能打开对方的心扉，使交流更加融洽地进行下去。在职场中，上下班从一声问候开始，一声问候结束，先主动问候的一方，便掌握了谈话的主动权。

第 03 章

锻炼思维灵敏度，好词好句张嘴就来

　　有人说，语言是思维的外衣，的确，人们内心想什么，利用语言就能表达出来，因此，我们若想舌绽莲花的话，说话之前就要先过脑子，时刻保持思维灵敏度，只有说出对方爱听的话、有水准的话，才能彰显你的文化修养和思维能力。

动嘴前先动脑，保持思维的灵敏度

有人或许会有疑问，说话是动嘴，思维是动脑，这两者之间有关系吗？答案当然是肯定的，而且还存在着很密切的关系。通常那些思维敏捷的人总是"张嘴就来"，反应速度很快，无论是自己被刁难时，还是需要回答问题时，他们都能快速地组织好语言，可谓能言善辩。而那些思维不够敏捷的人，说话时脑子经常短路，反应不敏捷，经常比别人慢半拍；见解不深刻，没有创新的思维，经常是人云亦云；思维狭窄，没有新意，言语没有力度。语言就好像思维的外壳，思维则是语言的基础。说话，既需要讲究方法，又需要训练思维，如此才能真正地做到内外兼修，也才能突破说话的"瓶颈"，同时让我们的说话水平依托着敏捷的思维而渐入佳境。

一个人口语表达能力的高低取决于其思维能力的强弱，如果你想提高自己的口语表达能力，那只能先提高自己的思维素质及能力。比如，我们在说话中存在的，诸如条理不清、语言干瘪、无话可说等问题，究其原因都属于思维的范畴。在生活中，有不少人在公众场合根本说不好话，明明是经过精心准备的，可一到了台上，脱离了演讲稿，就说得结结巴巴，甚至词不达意。如此现象就是思维的敏捷度不够，或者说思路不够清晰。和写文章不一样，说话不能停下来多做思考，而是必须一句接着一句，如此就要求思维敏捷，前后连贯，不能吞吞吐吐，更不能逻辑混乱。

有些场景的变化是出人意料的，作为说话者来说，如果思维不敏捷，应付不好，就会使自己陷入某种困境。这就需要说话者具备敏捷的思维，善于变换切入角度，灵活地应付和驾驭各种局面以及场景。

那如何训练出敏捷思维呢？

1.掌握相当多的知识

敏捷思维来自于丰富的知识结构，你所掌握的知识越多，你说话时思维就越活跃，越敏捷，因为大量的知识让你触类旁通，左右逢源，毫无思维短路的感觉。因此我们需要博览群书，不断地扩大自己的知识面，增加自己的知识量，说话之前做好充分的准备，熟悉你所需要表达的内容。

2.尽量多说

在各种场合都需要尽量多说话，而且是主动说话，在公司会议上踊跃发言，哪怕你给家里的老人读读报纸也可以，看完了电影或者小说，可以向朋友复述电影、小说的情节内容，这样你的思维就会逐渐敏捷，口齿也会越来越伶俐。

思维清晰，说话要条理分明

说话要注意言之有序，也就是说话内容要有主次之分，换句话说就是要有条理。说话需要有一个总的目标，说话是否达到了预期的目标，就需要看它是否被听众所理解、所接受。也只有听众理解了、接受了，才能证明

你说的话是成功的。反之，如果你的话语不分主次，没有目的性，听众一头雾水，似懂非懂，这就意味着说话失败了。说话的这个特性决定了说话者必须站在听众的角度上，按照听众的理解能力和接受能力联系实际、深入浅出，说话时展现一个清晰的目标以及重点。即便有时需要含蓄隐晦地表达，也必须要有条理，不能含糊不清，指令不明，这会让听众难以理解。

言之有序与一个人的思维能力有重要关系，思维是否清晰，将决定着说话是否有主次。比如，当我们在叙述一件事情的时候，需要抓住这件事情的重心，有顺序地进行叙述，语言要清晰、明白。千万不能东一句、西一句，让人听了不知道你到底在说什么。总而言之，说话有主次，才能突出中心，彰显语言的逻辑性，否则说出的话就如同一盘散沙，不仅听众不知道你说的是什么，就连自己也是如坠云里，摸不清东南西北。

说话一定要目的明确，明确说话需要达到一个什么样的目的，你才会为了达到预想的目的而调整自己的说话内容。如果你自己都没弄清楚哪些是重点哪些是次要的，只是在那里东扯西扯，下面的听众更是听不出个所以然了。

所以，要想说话有条理、言之有序，那就应该注意以下几个问题：

1.注重语境

说话，一定要切合语境，就是指你要根据你说话的客观现场环境，包括时间、地点、目的以及说话的内容等来说话，这样才能更准确地表达自己的想法。有的人不管语境，而是自顾自地说，结果他在台上说了大半天，台下面的听众还是不知道他想表达的意思到底是什么。

因此，说话的内容一定要与你讲话的时间、地点与场合相对应，否则就有可能让听众摸不着头脑。

2.突出重心

说话时，就应该明确自己说话的目的。坚持话由旨遣的原则，明确你说话的目的，是说话取得成功的先决条件。只有明确了目的，才知道应准备什么话题和资料，采取哪种语体风格，运用哪些技巧，从而能够有的放矢，临场应变。如果目的不明，不顾场合地信口开河、东拉西扯，对方就会不知所云，无所适从。

3.多想才能言之有序

"想"是让思维条理化的必由之路，在实际生活中，许多人并不是不会说，而是不会想，最后想不明白自然也就说不清楚。如果你需要说一件事或介绍一个人，那你就要认真地想想事情发生的时间、地点以及过程，或者想想人物的外貌、特征，等等。如此有了条理化的思维，你才会让自己言之有序。

充实自己的知识储备，好口才自然来

我们要善于在自己的表达中渗透知识性，使语言深刻又有力度，这样才能尽可能地给听众提供更多的有价值的信息，让人感觉"听有所获"，而不是觉得"白听了"。一个人的言谈直接体现了其认知水平和知识含量，如果说话没有深度，没有内涵，那听众是不可能肯定你的说话水平的。说话内容要有知识性，充实具体、言之有物。要做到这一点，就需要说话者多读书，积累更多的知识，因为一个口才好的人，肯定是一个拥有广博知识的人。说话就是需要把自己肚子里的"货"倒出来，但如果肚子

空空如也，那如何能展现自己的好口才呢？因此，要想做一个能说会道的人，就一定要注重充实自己的知识储备，只有拥有较好的知识储备，才能够自由随意地讲故事、说民谚，在任何时候都能够把知识信手拈来。

毛泽东同志一生酷爱读书，从青年到老年，即便是重病缠身、生命弥留之际也从未放弃过学习。他读书所涉猎的领域极其广泛，文、史、哲、军事、自然科学，可以说是古今中外，无所不至。

有一年夏天，毛泽东同志到了武汉。夏天的武汉有"火炉"之称，但毛泽东同志却坚持每天看书。由于书上的字比较小，他只好加大照明度，这样房间里的温度就更高了，汗水不停地顺着他的脸颊往下淌。这时工作人员急忙送上毛巾，请他把汗擦一擦。毛泽东同志接过毛巾，风趣地说："读书学习也要付出代价，流下了汗水，学到了知识。"

他十分喜欢阅读古典文学，比如像《水浒传》《西游记》《三国演义》《红楼梦》等书他都读过很多遍，对那些古典小说中的许多历史人物、故事都相当熟悉，这让他的语言充满了典故且妙趣横生。

如果你对毛泽东同志那精辟的讲话感到敬佩的话，那想必你现在应该明白了为什么他会达到如此高的讲话水平。对于说话者来说，读书就算没有寻到"黄金屋""颜如玉"，但通过读书，确实可以达到提高说话水平的效果，我们可以这样说，"书中自有影响力，书中自有个人魅力"。古今中外伟大的政治家、演说家，无一不是博览群书的。书里的知识，给他们带来了智慧，让他们才思敏捷，让他们具备了与众不同的素养，从而在说话时也有了与众不同的表现。

培根说："读书足以怡情，足以博采，足以长才"，人们也常说"读书破万卷，下笔如有神"。说话也是如此，读书多的人，往往能出口成章，说得精彩；读书少的人，或者口齿木讷，或者不着边际，很多时候都是在重复堆砌一些辞藻。说话者想要避免套话、虚话、空话连篇等"话"风不正的问题，就必须多读书，注意吸取古今中外思想文化的营养，开阔视野，拓宽知识面。

1.尽量多积累知识

一个知识贫乏的人，往往鼠目寸光，胸襟狭隘，说话肤浅没有深度。这样的一个人如果上台讲话，很有可能被下面的听众哄下台去。

说话者对于知识的积累就如"韩信点兵，多多益善"。从一般语言的运用来看，知识无疑是思想、感情得以成功表达的土壤，知识也是口才能够闪耀光彩，释放魅力的基础。如果你拥有丰富的知识，不管你何时、何地，都可以随机应变、左右逢源。

2.善于思考

积累了一定的知识，还需要善于思考，只有善于思考，才能出观点、出新意。不然就会人云亦云，没有真知灼见；就会老生常谈，提不出新思路、新见解。真正新鲜生动、富于创造性的见解，是与深入思考分不开的。

积累美言美句，扩充你的口才素材库

说话，不可缺少的是优美、精炼的好词好句，这些词句的巧妙组合才造就了一次精美的演讲。美国前总统，同时也是世界闻名的演说家林肯就

喜欢积累一些好词好句，当他看到或听到一些较好的词句时就会用纸条写下来，然后放在自己的帽子里，便于经常阅读和记忆。他正式讲话时，就可以巧妙地将那些平时积累下来的词句融入话语中，这个不寻常的习惯铸就了林肯一次又一次的成功演讲。因此，如果要想真正提升自己的文化内涵，那就需要注重积累你所听到的好词好句，并将之转化成自己说话的内容，这无疑会为自己的说话添枝加叶。

当然，这些好词好句可以是古今中外的名言名句，因为它有着较强的说服力。那些名言名句是名人对自己生活经验的总结，或者是他们智慧灵感的闪现，往往富有哲理，发人深思。如果你在说话中引用一些名言名句，不管是对增强话语说服力，还是增加话语感染力，都是很有帮助的。除了那些名言名句以外，你还可以多积累平时看到的优美词句，或是人们嘴里所蹦出的有意思的语句，或者是颇有哲理的句子，等等。引用较好的词句是人们在说话时经常会用到的手段，将自己的观点以及看法用较好的词句表达出来，可能比自己的语言更具有说服力。许多名家在说话时都经常采用这样的方法，让听众感觉到字字掷地有声。

不管是名言，还是警句，积累越多，对我们的说话就越有帮助。当我们在说无私助人的问题时，引用"赠人玫瑰，手有余香"进行论述，简洁明了，说理深刻，并且给人美的感觉；我们在"企业评政府"的话题中则可以引用《梁史》中"屋漏在上，知之在下"这句古语，简洁、深刻地说明了"企业评政府""下评上"的意义，以给听众留下深刻的印象。

但在具体使用这些好词好句时还需要注意以下几个问题。

1.学会用自己的话阐述

有的好词好句包含的意义比较多，那在这时候，你就要善于用自己的话来对这些名言进行陈述。如此可以令自己更容易掌握这些说话的内容，也能使听众更容易明白。

2.准确地使用

在使用好词好句时需要注意其含义的准确性，尤其是一些名言警句，不能把它们念错了，那样不仅不能增添语言色彩，反而会闹笑话。引用好词好句还应与说话的情境相协调，引用最能说明问题的词句，并且要适可而止，不能滥用。

3.尽可能地使用原文

比如引用奥斯特洛夫斯基所说的原句"人的一生应当这样度过：当他回首往事的时候，不因虚度年华而悔恨，也不因碌碌无为而羞愧。"来谈人生意义，说理性很强。

善于引经据典、旁征博引

在讲话中，我们要善于引用一些熟语、典故，来证明事物、阐述道理，这样可以增强说服力和感染力，使语言表达言之有据、生动形象。一位善于讲话的人，肯定是个善于旁征博引的人，他在演讲中，一定经常引用一些事例、典故，或者穿插一些历史知识、名言警句。通过引用，你的讲话会有一种博古通今的气势，极具感染力。

1.引用事例

有些道理，如果你只是纯粹从理论上来说明，会显得枯燥无味，而听众也会觉得不知所云。但如果通过举一些事例来解释和说明，则既能有效地阐述观点，说明道理，使听众心服口服；又能让讲话内容充实，形式活泼，激起听众的兴趣。

引用事例，主要是现实生活中的事例，也包括一些名人的事例。你可以在确定了主题，简单明确地说出观点之后，再选择能够支持观点的事例来展开论证。但是在演讲中引用事例，需注意以下几点：

（1）准确具体

你所引用的事例应该是具体的，有时间、地点、人物及部分细节描写。这样，可以让听众如身临其境，从中受到启发和教育；如果事例失实或本身就很难理解，听众就会对讲话产生怀疑或失去兴趣，影响讲话效果。另外，不能引用自己都不清楚、不完全了解的事例；更不能断章取义，为了证明观点而将一些完整的事件切割开来。

（2）新颖生动

生动才能吸引人，我们所引的事例应该新颖生动，多举一些离人们的生活很近的事，才能使听众对你所引用的事例产生兴趣。反之，如果你引用一些老生常谈的事例，就会让听众觉得寡然无味，也不会对你的讲话有任何兴趣。

（3）侧重引用身边的事例

你所举的事例应侧重于身边的事例，也就是多引用一些普通人普通事，因为伟大的人、伟大的事固然感人，但这毕竟与我们的生活离得较远，引用过多不会引起大家的兴趣。如果举些凡人凡事，用身边人、身边事教育听众，对听众更有说服力，效果会更好。

（4）避免老生常谈

有些事例几乎都成了论证某些观点的套话，比如谈到身残志坚就说张海迪，谈到助人为乐就说雷锋，谈到秉公执法就讲包拯。这类的事例虽然不错，但不能每次都讲，用得太多太滥，反倒可能起不到论证效果。

2.引用典故

中华民族历史悠久，留下了光辉灿烂的文化，其中的历史、文学、寓言、成语、故事、传说等典故数不胜数。这些典故或优美感人，或朴实动听，给人以无限遐想，给人启迪，发人深思。典故的说服力是无穷的，比如要说明"兼听则明"的道理，还有什么比引用唐太宗从谏如流、唐高祖广纳众议的典故更具说服力呢？

3.引用名言警句

古今中外的名人名言，有着较强的说服力。因为这些名言名句，或是他们对自己生活经验的总结，或是他们智慧灵感的闪现，往往富有哲理，发人深思。在讲话中引用名言名句，无论是对于增强说服力，还是增加讲话的感染力，都是很有帮助的。

引用名言警句，一般应注意以下几点：

（1）尽量引用原文

比如引用奥斯特洛夫斯基的名言"人最宝贵的是生命，这生命属于每个人只有一次。人的一生应当这样度过：当他回首往事的时候，不因虚度年华而悔恨，也不因碌碌无为而羞愧。这样，在临死的时候，他就能够

说，我的整个生命和全部精力都献给了世界上最壮丽的事业——为人类的自由和解放而斗争"来谈人生意义，说理性就比较强。

（2）善于用自己的话陈述

有的名言警句包含的意义比较多，那么这时候，你就要善于用自己的话来对这些名言进行陈述。用自己的话来陈述，可以令自己更容易掌握讲话的内容，也使听众更易于明白。

（3）适当地改变

在有些语境下，适当地改变名言名句中的某些字，可以达到特殊的语言效果。比如毛泽东批评一些干部为评级而闹情绪，说："男儿有泪不轻弹，只因未到评级时。"宋楚瑜在大陆之行时，也套用了美国过去一位总统肯尼迪所说的一句话："不要光看我在大陆说了什么，要看我们在台湾做了什么。"

（4）准确无误

千万不能把名言名句念错了，那样不仅不能增添语言色彩，反而会闹笑话。引用名言名句还应与说话的情境相协调，引用最能说明问题的名言名句，并且要适可而止，不能滥用。

4.引用数字

权威性的数据具有较强的说服力，对那些科学性或知识性的论点，尽可能用数据来论述。这里的关键就是"权威性"，它主要包括国家机关公布的信息、专家的论断、权威新闻媒体的报道、有影响的社会团体公布的正式材料，等等。一般来说，这些数据可信度高，很有权威，基本不需要再经证明就可以用来进行论证，具有无可辩驳的说服力，以之为论据是非常有力的。

第04章

与生人聊，一见如故留下好印象

　　我们在日常的生活中，难免要和很多的陌生人擦肩而过，或者是打交道，人与人之间的隔阂经常让人固守在自己狭小的空间内，如何才能打破与陌生人之间的隔膜？

　　对于陌生人之间的隔膜，似乎每个人都已经习以为常，每天擦肩而过那么多陌生人，有谁想过去打破这之间的隔膜？其实陌生人之间的隔膜是最容易打破的，有时候一句关心的问话，就能将双方之间的隔膜打破，那么，具体来说，我们该如何与陌生人一见如故呢？接下来我们看看本章的内容。

得体的客套话，消除陌生心理

你是否有过这样的经验，你偶然进入了一个陌生的地方，那里有你熟悉和不熟悉的朋友，他们看见你来了，立即起身说了几句客套话对你表示欢迎，然后请你坐下来寒暄几句。这样一来，双方的感觉都会不错，感情自然也会更进一步。"场面话"是交谈的润滑剂，它能在陌生人之间架起友谊的桥梁。两人由于初次见面，对彼此都不太了解，往往会陷入无话可说的尴尬场面。这时我们不妨以一些"场面话"为开头，比如："天气似乎热了点！"或者"最近忙些什么呢？"等等。虽然这些"场面话"大部分并不重要，然而，正是这些话才使初次见面者免于陷入尴尬的沉默。而同时，最为重要的是，会不会说"场面话"是一个人懂不懂礼数的重要表现。从心理学的角度看，人们都喜欢与知晓礼数的人交谈。为此，说好客套场面话，是敲开陌生人心理大门的一把关键钥匙。

在交际过程中，经常使用客套话、场面话和寒暄语，可以消除陌生心理，促成彼此间的良好交往，正如培根说过的："得体的客套和美好的仪容，都是交际艺术中不可缺少的。"所以，会交际的人应当像司机精通交规一样，熟悉和掌握各种客套话。

一般来说，"场面话"有以下几种：

1.当面称赞人的话

诸如称赞小孩子可爱聪明，称赞女士的衣服大方漂亮，称赞某人教子有方等，这种场面话有的是实情，有的可能与事实有相当大的差距，但只要不太离谱，听的人十之八九都会感到高兴，而且旁人越多他越高兴。因为事实上，每个人都愿意听赞美的话，尤其是公开赞美的话。

2.当面答应人的话

和陌生人交往，如果对方希望你帮什么忙，即使你不能帮忙，也不能当面拒绝，因为场面会很难堪，而且会马上得罪人。你可以说这样一些场面话，诸如"我全力帮忙""有什么问题尽管来找我"等。给足对方面子，不至于让他下不来台，他也会觉得你是个顾全大局的人。

3.特定场合的客套话

另外，我们要记住一些特定场合下有针对性的客套话。比如在打扰别人或者给对方添麻烦时，要真诚地说一声"对不起""不好意思"，一旦没有说这些话，对方可能很长时间还对此事耿耿于怀；在求人办事后，要真诚地说声"谢谢""拜托您了"，如果没有这句客套，对方会认为你求人的态度不够真诚或者认为你不懂礼节，对你的印象大打折扣；在作报告或者讲话时，可以先这样客套一下："我的讲话水平不高，讲得不好，还请大家见谅""如果讲得不好，还望大家多多指正"……这类客套话表面上看似随口而出，实际上却起到了表现自身涵养的作用。

会说场面话的人，都是交际场中的老手，即使是陌生场合，不论遇到多高身份的人也不会觉得不好意思，更不会冷场。可见，场面话的运用就

像一把打开话匣子的钥匙，它可以帮助你和陌生人顺利地谈话。因此，在与陌生人说话的时候，我们需要掌握一些"场面话"的说法，并在三言两语之间，轻松让对方为我们打开心门。

自信大方地介绍自己，给对方留下良好第一印象

人都说一回生、两回熟，"两回"不难，难就难在头"一回"。难在哪儿呢？难在面对的是陌生人，不知该从什么话说起，不知该说什么话，不知说的话会不会让人听了感觉不悦……也就是说，面对陌生人，最难的就是如何通过自我介绍，给对方留下良好第一印象。而如果我们懂得抓住对方的心理，用一番别具特色的语言来介绍自己，定是能打动对方的。

那么，与陌生人初次见面的过程中，该怎样大方地介绍自己，才能给对方留下个好印象呢？

1.巧妙地介绍自己的名字

与人初次见面时，想让对方记住自己，最简单的办法就是让对方记住自己的名字。比如，你可以对自己的名字做一个简单但容易被别人记住的介绍："我姓接，接二连三的接，认识我，你会有接二连三的好运！"

2.自我介绍要摆脱陌生人情结

其实每个人跟陌生人交谈时内心都会不安，自己一定要先放下陌生人情结。面对陌生人不需要装模作样，不过也要表现出你的诚意。只有这样，才能显示出你的大方和热情，而不至于扭捏作态，让对方觉得你是一

个有良好交际品质的人，从而愿意与你进一步交往。

3.解读现场的气氛与对方的心态

自我介绍自不可太过冗长，有时候只需要简短的一两句话，因为吸引别人的也许正是开篇的某个亮点。同时，我们在介绍自己的时候，要避免谈论会让人讨厌的话题，不要一个人一直发表高见，也要学习倾听别人说话，解读现场的气氛，看准时机再发言。

4.保持谦虚低调的态度

我们在自我介绍的时候，除了突出自己的亮点，还是谦虚低调些为好，免得给别人留下此人爱吹嘘的第一印象。

出入社交场合，免不了要自我介绍一番。很多人觉得这很容易："您好，我叫××，唱二人转的，很高兴认识你。"这不就结了？如果一个陌生人这样和你说话，像这样平淡无奇的介绍，下次见面时，你十有八九会忘记对方的名字，甚至忘掉这个人。忘记别人是谁可能会尴尬，但不被人记住才最可悲。

良好社交从成功的寒暄开始

走在人潮如织、熙熙攘攘的大街上，如果陌生的人彼此擦肩而过，那么注定了永远都只能是陌生人。但是如果陌生人之间能够成功搭讪，也许就会开始一段美好的邂逅。所以，大凡有奇遇的人，都是擅长交际且能够与他人成功寒暄的人。

现实生活中，很多人虽然知道交际的重要性，也知道很多交际的技巧，但是他们并不完全认可交际书籍上的很多观点和做法。他们觉得无需如同交际书籍一样按部就班，问候他人，而是认为人与人之间的沟通更多的应是说些有用和实际的话，无需过分在乎寒暄的作用。实际上，这种观点恰恰错了，现实生活中，很多人之所以人际关系紧张，而且无法有效拓展人际关系，就是因为他们不善于寒暄。尤其是在现代社会，电子产品越来越普及，人们对于电子产品依赖的程度也越来越高，只有学会寒暄，才能帮助人们拓展人际关系，结交更多的人，也才能获得美好的交往。尤其是在陌生人之间，寒暄显得尤为重要，甚至关系到我们能否成功结识陌生人，从而获得良好的社交体验。

袒露困惑，也许反而能拉近距离

人生不如意事十之八九，在生活中，每个人都不可能一帆风顺，都会面临很多困惑。这些困惑说大可大，说小可小，有的时候看似只关系到眼前的小小利益，但是实际上却会影响人一生的命运。人的心思是很奇怪的，所以人们才以海底针来形容人心。

在与陌生人交谈时，双方因为互相不了解，因而都不愿意率先袒露心扉。实际上，当我们先表现出内心的困惑时，陌生人一定会感受到我们的坦诚，因而对我们以真心相待。尤其是很多困惑是每个人都有的，说不定陌生人与我们还深有同感呢，这样我们与陌生人的交谈就会更加畅通无阻。

　　丁曼刚刚学会在淘宝上购物，因而觉得很新奇。有一天，她无意间在网上遇到老同学菁菁，因而问菁菁："菁菁，你会在淘宝购物吗？"菁菁毫不迟疑地回答道："当然，我可是淘宝星级买家呢！淘宝上可以买到很多东西，就算只坐在家里点点鼠标，我们也可以随心所欲地买东西，更可以吃到全世界的美食。"丁曼艳羡不已，称赞菁菁："看看，你到底是在大城市工作的，和我们这些在小地方当老师的人就是不一样。被你一比，我可真成土老帽了。你说说，我可以买点什么东西呢？我想了好几天，也不知道自己该买些什么。"菁菁笑着告诉丁曼："只要你想到的，都可以买到，吃的穿的喝的用的，包括各种冷冻的食物和保鲜的食品。就算是世界各地的美食，也都可以买到。"

　　听完菁菁的话，丁曼点点头，说："那我先给孩子买身衣服试试吧。其他的还不太敢尝试，等我收到衣服心里就有底了。"菁菁又告诉丁曼："给孩子买衣服，一定要选天猫卖家，因为淘宝的东西良莠不齐。此外，还要买有运费险的，这样万一不合适，你就能免费退货。""什么是天猫卖家？"丁曼迫不及待地问，"另外，什么是运费险？"就这样，丁曼和菁菁相谈甚欢，而菁菁这个资深淘宝买家也好好地给丁曼上了一课。虽然她们在上学期间并非关系亲密的好朋友，但是现在在网络上偶遇，反而成了很亲密的好朋友。

　　丁曼之所以能够激起菁菁的谈兴，就是因为她表现出了自己心中的困惑，而菁菁恰恰对丁曼的困惑曾经感同身受。就这样，在学校期间比较疏远的两个人，因为丁曼的困惑反而走到了一起，也成功地变得亲密起来。

作为资深网购专家，菁菁给了丁曼很多中肯的建议，而丁曼也愿意不断学习，不断进步。

现实生活中，每个人都会面临形形色色的困惑。很多带孩子的妈妈一旦聚集到一起，针对养育孩子过程中遇到的困难，她们总是有着说不完的话，而且还会敞开心扉一起探讨教养难题。很多家庭主妇也会在一起切磋厨艺，交流厨艺，或者是谈谈理财心经。总而言之，只要愿意说，只要有着共同的困惑，或者以自己的困惑请教他人，就能够打开他人的话匣子，从而与他人熟悉起来，也让彼此的交谈更加顺畅。

选好话题，让交谈顺畅无阻

有心理学家研究证实，当我们与陌生人交谈时，在最开始的时候聊的都是一些无关紧要的事情，诸如很多客套话，自我介绍，或者是礼节性的问候。等到这几分钟没有太多实际意义的交谈过后，我们才会开始寻找最合适的话题与对方交谈。然而，这个时候如何继续保持搭讪时的愉快氛围是至关重要的。很多人与陌生人交往时，也许前面的寒暄进展顺利，但是到了后面的时候，反而因为一时之间找不到合适的话题，导致彼此陷入冷场，相对无言。这样的尴尬场景，往往是很多人都无法面对和适应的。

不可否认，愉快的话题对于人们的交谈起到了关键性的作用。一场交谈是否能够愉快进行，主要在于是否能找到轻松的、让彼此都乐意交谈的话题。由此我们不难发现，合适的交谈话题，往往让交谈双方都觉得非常愉快，也能够为更进一步的交流铺垫基础。与此相反，倘若在聊天一开始就选错了话题，那么即便交谈双方口才再好，也只能是导致南辕北辙，事与愿违。古人云"话不投机半句多"，意思就是说当交谈双方彼此不能相互认可时，每一句话都很难起到预期的效果，也无法使人对交谈饶有兴趣。

现实生活中，我们常常觉得与某个人相见恨晚，相谈甚欢，时间就这样在彼此的欢愉中不知不觉中溜走，使人无比期待下一次再相聚。但是与有些人的交谈则恰恰相反，话语就像是长出了刺一样，使人如鲠在喉，哪怕非常努力，也无法让交谈取得圆满的结果。不可否认，除了交谈能力的相差之外，最大的原因就是没有选择一个好话题。所谓好话题，其实并没有规定，一般指交谈双方都喜欢交谈的内容，或者至少是对交谈双方不产生伤害的。因而，与选择交谈对象相比，选择合适的话题更加重要。这就像是走路的时候，只有确定好方向，每一步才能带领我们朝着目标更进一步。如果方向错了，我们跑得越快，我们距离目标就越远。所以选对话题，是拥有和谐愉快交谈的第一步。

尤其在与初次见面的陌生人交谈时，我们更应该选对话题。因为熟悉我们的人对我们比较了解，哪怕我们说错了话，或者选错了话题，他们也能理解和宽容我们。但是陌生人则不然，他们与我们初次见面，正想借此机会更加深入地了解我们。陌生人对于我们的印象就像是一张白纸，我们给他们留下什么印象，他们就会按照印象去想象我们。因而我们尤其要注意与陌生人交谈时，必须选对话题，从而助力我们给陌生人留下好印象。

三十岁的竹叶如今正在接受家人安排的相亲，几乎每隔几个周末，她

都要经历一次相亲约会。遗憾的是，虽然相亲的次数不少，但是她迄今为止仍没有找到合适的男朋友。

这个周末，竹叶又来到了一家西餐厅相亲。对方是一名大学老师，已经三十六岁了，迄今单身。仅仅通过这样的简洁信息，竹叶就对对方有了点儿兴趣，不是有很多女学生爱上老师的吗？这个优秀的男人怎么变成剩男了呢？

见面之后，竹叶发现对方果然文质彬彬，而且看起来温文尔雅，很有学者的气质和风度。显而易见，对方比自己更紧张，意识到这一点，竹叶突然玩心大发，想要逗逗对方。在经过几句寒暄之后，竹叶单刀直入问对方："有很多女学生都暗恋老师，你有过被暗恋的经历吗？"对方脸都红了，马上保证自己绝没有过师生恋。这时，竹叶掉转话头问对方："那么，你觉得男女相爱，年龄是界限吗？诸如翁帆和杨振宁，你怎么看？"提到这个话题，作为语文老师的男人开始滔滔不绝，侃侃而谈。从他的谈话中，竹叶意识到他原来是个爱情至上主义者，根本不愿意委曲求全接受不对的人。看到对方对爱情的态度如此审慎认真，竹叶不由得松了口气，因为她也是个爱情至上主义者。随后的时间里，竹叶和对方进行了很愉快的交谈，甚至天色都晚了，他们还意犹未尽、谈兴正浓，不想就这样分开呢！

显而易见，竹叶找到了一个合适的话题与对方交流，也许这样和谐融洽的交流能让她和对方一见如故，再见倾心吧。爱情，就是要在对的时间遇到对的人，如果能够在相亲的时候与相亲对象相谈甚欢，那么注定了未来的交往也会非常融洽友好。

初次与陌生人交谈时，我们一定要选择轻松的话题，尽量给对方带来愉悦的感受。很多人喜欢伪装深沉，哪怕与他人初次见面，也会对他人谈起各种关于生命和宇宙的思考，毋庸置疑，这样的话题非常沉重，并非适合和每个人谈起，也未必能够与每个人都产生共鸣。在面对陌生人时，我们应该选择大众都喜闻乐见的话题，这样才能营造良好的交谈气氛，从而让我们与对方的交流顺利展开，深入下去。

对陌生人，恰到好处地赞美对方

　　当我们面对陌生人的时候，有时候免不了要说一些赞扬的话，以此来获得对方的好感，拉近双方之间的距离。每个人都有自尊心和虚荣心，也总是希望自己身上的优点和长处得到别人的赞赏。因此，即便是初次见面，为了减少双方之间的陌生感，也可以适当针对他人的长处优点说一些赞美的话，让对方心里顿生暖意，从而实现融洽的人际关系。但是，我们在向对方说那些赞美的话时，也需要掌握好一个"度"，稍有不慎，就会给对方一种阿谀奉承之感。

　　一般而言，要做到恰如其分地称赞对方并不是一件容易的事情。这就需要我们掌握好说话的技巧与方法，那些赞美的话并不是越多越好，而是越精越容易打动人心。有时候，过多的赞美只会引起对方心里的厌烦，甚至会遭到排斥。所以，在面对陌生人的时候，特别要注意说话的度，毕竟良好的第一印象能够为后面建立良好的人际关系提供帮助。

　　小王是一家理发店的发型设计师，由于他很会说话，因此，很多顾客去店里都会直接点他的名字。

　　有一次，有一位近40岁的妇女去店里做头发，正逢其他设计师都在忙，于是这位顾客就由小王接了下来。这位妇女看起来很难接近，总是对别人露出一种不屑的眼神。小王面带笑容："女士，您的皮肤保养得真好。"那位妇女还是面无表情，似乎根本没有听到小王的话。小王并没有露出任何不悦的表情，反而笑着说："像您这样气质出众的女士，一定得配个气质型的发型，才能够使你的魅力更加出众。"妇女嘴角露出点微笑，小王接着说："女士，你今天做这个发型是为了参加一个聚会吧。"原来小王不小心瞄到了女士皮包里露出的半截请帖。那位妇女有点惊讶："你怎么知道？"小王不经意笑了笑："我随便猜的。"

　　小王一边给那位妇女做头发，一边与她聊天，等到发型做好了，那位妇女已经是满脸笑容。她临走前对小王说："小伙子的手艺真不错，下次来了还找你。"

　　小王对顾客恰到好处的赞美，不仅打开了对方的心扉，更建立了一种良好的人际关系，这对于拓展自己的客户群是非常有帮助的。因此，我们在人际交往中，更要学会恰到好处地对他人进行赞美，这样才能激起对方的谈话兴趣。

　　1.具体明确地赞美对方

　　你在对他人进行赞美的时候，一定要善于挖掘对方的长处和优点，这样才会使你的赞美言之有物，不是空泛而谈。所谓具体明确的赞美，那就是需要你有意识地说出一些具体而明确的事情，而不是模糊、含糊地赞美。除此之外，你在赞美别人之前需要尽早了解对方引以为傲的地方，然后再对此进行赞美。在尚未确定对方值得赞赏的地方在哪时，千万不要胡乱称赞，这样只会自讨没趣。

2.态度真诚

你在赞美别人的时候，一定要保持真诚的态度。即便是为了赢得对方的好感也需要说一些发自内心的话，因为赞美别人毕竟是一种美德。如果你尽说一些虚情假意的话，只会让对方产生反感情绪，甚至排斥你。只有肺腑之言才能够打动对方，进而使对方保持一种愉快的心情。

如何恰到好处地向对方说一些赞美话？那就需要你的话语中有明确的赞美点，也就是你要明确地指出对方的长处和优点，不能进行模糊地赞美，否则只会让对方感觉是虚情假意。另外，你在向对方进行赞美，说赞美话的时候，需要保持真诚的态度，这样才更容易打动人心。

第 05 章

与家人聊，暖言暖语暖心房

家是温馨的港湾，家人是我们最坚强的后盾。然而，生活中，我们不少人面对家人却无话可谈，而其实，我们的家人也需要我们温暖的陪伴，其中就需要我们学会说暖人心房的话。那么，如何与家人谈话呢？我们不妨从下面几个方面着手。

语言是家庭温馨和睦的润滑剂

在同一个屋檐下，原本是陌生人的丈夫和妻子，如今朝夕相伴、亲密无间，所以很多新婚夫妇，总是因为相爱容易相处难而矛盾不断，因为他们根本不知道如何与对方相处，言谈举止间也总是产生很多的矛盾和冲突。殊不知，感情也是消耗品，如果夫妻之间总是水火不容、争吵不断，那么日久天长，那点儿可怜的爱情必然会消耗殆尽，这个时候如果夫妻之间还未建立更长久的亲情，那么家庭的稳定就堪忧了。

实际上，家庭和睦对于每个家庭成员都有好处，尤其是一个温馨的港湾，更是能够给每个人提供可退之地，也使得夫妻双方在职场上打拼时更有底气。最重要的是，家庭和睦也能够给孩子提供良好的生活环境，让孩子茁壮成长。总而言之，家庭和睦好处多多，但是要想真正做到和睦，还是很困难的。众所周知，语言是人与人之间沟通的桥梁，经常看影视剧的朋友也会发现，那些离奇曲折的误会，也大多数是因为沟通不到位导致的。所以要想家庭和睦，最重要的就是掌握语言表达能力，从而使语言成为夫妻交往的润滑剂，融洽夫妻关系，让夫妻感情更加深厚，家庭生活更加幸福。

有一天，玛丽和亨利吵架了。他们整整一天谁也不理谁，直到晚上睡觉前，亨利因为第二天九点要参加一个很重要的会议，因而写了一张纸条给玛丽："明早七点叫醒我。"次日，亨利一觉醒来，发现太阳已经照到床上了，不由得一跃而起。他正想责备玛丽没有按时叫醒他，却发现床头柜上摆着一张纸条："起床，已经七点了。"看到这张纸条，原本怒火中烧的亨利顿时没了脾气。的确，如果他头一天晚上能够与玛丽和解，主动请求玛丽次日早晨七点叫醒他，那么也就不会发生这样的事情。偏偏他没有与玛丽说话，而是采取写纸条的方式让玛丽喊他，也难怪玛丽会以其人之道还治其人之身。思来想去，亨利意识到了自己的错误，虽然他错过了重要的会议，但是领悟到了夫妻相处之道。

　　在这个事例中可见，夫妻之间语言沟通是非常重要的，而且是很多交流方式都取代不了的。常言道，夫妻没有隔夜仇，床头吵架床尾和。这也告诉我们，夫妻之间不应该冷战，更不要怄气，而是要有了问题就积极解决，主动沟通。

　　在发生家庭矛盾时，首先，沟通前一定要保持情绪的冷静和理智，避免带着情绪沟通，这样才能避免事情更加恶化，也才能保证沟通起到良好的效果。其次，我们与陌生人相处时尚且要设身处地为对方着想，那么我们在与自己至亲至爱的人相处时，更要站在对方的立场上理解对方，为对方着想，更加宽容和疼爱对方。相信这样的解决办法，一定能够尽快解决家庭矛盾，使得全家人都其乐融融。最后，很多人伤害了不相干的人，很容易就能说出道歉的话，但是伤害了自己亲密无间的爱人，却不好意思道歉，也或者因为自尊心太强，不愿意轻易道歉。不得不说，我们不管与谁

发生了不愉快，都应该主动道歉，真诚求得对方的谅解。唯有尊重所爱的人，我们才能得到他们的理解和尊重，也才能与他们更好地有效沟通。总而言之，与相亲相爱的家人之间，有了矛盾就要及时沟通和解决，这样才能处理好家庭关系，也才能使全家人其乐融融地生活在一起。

说些不平常的话，活跃家庭氛围

每逢周末，王晓晓都要回父母家吃饭。这天，她回家去吃饭。妈妈为她准备了可口的饭菜。席间，妈妈说："我今天碰到了我高中时的同学段凯，他以前还追求过我呢，现在人家是处长了。"爸爸脸色有些不好，一声不吭地只顾吃自己的饭。

妈妈说着说着，就开始数落爸爸："哎，人家现在飞黄腾达了，真后悔当初没有嫁给他。"说着妈妈对着王晓晓说："再看看你爸爸，一辈子也没见他有什么起色，可把我坑苦了。"爸爸非常生气，狠狠地将筷子拍在桌子上，一时间气氛非常尴尬。

王晓晓灵机一动，随口编了一个故事，她说："有一位市长和他的妻子王娜去视察某个建筑工地，突然一个建筑工人冲市长夫人喊道：'王娜，你还记得我吗？高中的时候我们经常约会呢！'回去的路上，市长说：'你嫁给我是你的运气，不然你将是建筑工人的老婆，而不是市长夫人。'王娜反唇相讥道：'你应该庆幸和我结了婚，否则当市长的就是他了。'"

王晓晓说完了故事，开始吃饭。父母你看看我，我看看你，相视而笑，气氛顿时融洽了很多。

家庭成员之间发生矛盾是很正常的事情，但是如果适当地说一些不平常的话，将尴尬的气氛变得融洽一些，使家庭成员之间的感情变得更和谐一些，伤害更少一些，那么家庭也将会更和睦一些。所以，要学会在尴尬的时候随机应变说一些调节气氛的话，说一些能够化解矛盾的话。20岁以后的年轻人已经不是小孩子了，应当承担构建和谐家庭的责任。那么，在说一些不平常的话来调节家庭矛盾的时候，要注意哪些问题呢？

1.要常寄予希望，不要埋怨数落

由于每个人都有属于自己的想法和看法，所以当双方观点和意见不统一的时候，就会产生矛盾。不管你是当事人还是旁观者，都有化解尴尬气氛的责任，一般情况下，不要埋怨数落，而要寄予希望。本来气氛就很尴尬，你再埋怨数落，对方心里肯定会更窝火，埋怨数落将会使矛盾进一步激化。如果你是旁观者，埋怨数落也会让对方怀恨在心，从而加剧家庭成员之间的矛盾。这时候，不妨把埋怨换成希望。如果是当事人，寄予希望无疑是在承认错误的前提之下，你既然承认了错误，矛盾也就不存在了，气氛自然好多了。如果是旁观者，那么寄予希望更是对双方的祝愿。有了别的家庭成员的祝愿，尴尬的气氛也就不存在了。

2.要切中要害，不要胡言乱语

家庭成员之间发生不愉快，使家庭的气氛变得尴尬，这时候家里的每个人肯定都非常难受。适当地说一些不平常的话，能使尴尬的气氛迅速得到缓解。但是这些不平常的话一定要切中问题的要害，让矛盾的双方都能认识到自己的问题。如果胡言乱语或者说一些不着边际的话，不但不能化

解尴尬的气氛，而且还有可能被当事人痛斥和责骂。因为对方觉得你是在拿双方的矛盾开玩笑，是在侮辱他们。所以，说些不平常的话很有必要，但是一定要注意所说的话要切中矛盾的要害，让双方心服口服，绝对不能胡言乱语。所以，在说话的时候，一定要清楚自己在说什么做什么，如果没有绝对的把握，最好闭上你的嘴。

3.要轻松愉悦，不可过于严肃

双方有矛盾时，家庭内部的气氛会非常尴尬，这时候说话要适当地放轻松，不要过于严肃。本来对方已经把神经绷得很紧了，如果这时候你再说一些过于严肃的话，那么无疑让对方的内心更加沉重，双方心情不好，家庭内部的气氛自然不会好。所以，要想缓解家庭内部的尴尬气氛，说一些不平常的话很有必要，但是在说话的时候一定要调整心态，要尽量让谈话的气氛轻松愉快一些，这样能在一定程度上缓解双方的心理压力，让尴尬的气氛得以缓解。

暖心言语，展现对家人的默默支持

大学毕业之后，王雨没有像其他在外上学的学生一样回家等待就业，而是留在了大城市发展自己的事业。但是，爸爸妈妈觉得她应该像其他人一样回家乡考公务员或者是当老师才对，但是这条路并不是王雨所喜欢的。

为此，每次回家，爸爸妈妈都要进行围追堵截式的劝解，希望她能回心转意，但是王雨决定的事情似乎很难转变。因此每年过年回家，是王雨最渴望、最幸福的时刻，同时也是她最痛苦的时候，因为每次都免不了要和爸爸妈妈进行一番唇枪舌剑。

这年回家后的第二天，爸爸妈妈就把王雨叫到了跟前，对她进行劝解。但是这次父母并没有态度强硬地要求王雨回来，而是采用了怀柔的策略。

妈妈拉着王雨的手说："孩子啊，爸爸妈妈想让你回来，是不想让你在外面受委屈啊，一想想大冷的天，你在外面吃不饱、穿不暖，妈妈的心里甭提有多难受了。爸爸妈妈老了，希望能看到你每天快快乐乐的，但是如果你真的不愿意回来，我们尊重你的决定。"

妈妈的话说得王雨眼睛湿润了，那天晚上，她一夜未眠，似乎突然间长大了很多。她明白了做父母的一片良苦用心，明白了自己有多么自私。过完年，她没有再去外地，而是留在了爸爸妈妈的身边。

人有时候很坚强，有时候又很脆弱，所以，我们都需要别人的关怀和理解。可是生活中，会关心别人、理解别人的人实在是太少了。工作中如此，生活中亦是如此，社会生活中如此，家庭生活中也是如此。沟通从心开始，试着去关心身边的亲人，理解身边的亲人，你温暖的话语常常会让别人感动不已。所以，对于20岁以后的年轻人来说，适当地说一些温暖的话语来构建和谐的家庭气氛是分内的责任。那么，如何用温暖的话语来构建和谐的家庭氛围呢？

1.站在对方的角度想问题

我们常常觉得自己很委屈，是因为我们认为对的东西被别人误解为错

的，因此感觉到内心的寒冷和孤独。所以，在平时的生活中，要尽量站在对方的角度看问题，或许别人那么说、那么做也有一定的道理。很多事情，根本就没有绝对的对或者错，只是我们所站的角度和想问题的角度不尽相同罢了。当我们能站在对方的角度上想问题的时候，就能切切实实地理解别人了。事实上，一句理解的话远比十句宽慰人心的话更能温暖人心，所以，站在对方的角度想问题是构建和谐的家庭氛围的好办法。

2.发自肺腑地去关心对方

一个人发自肺腑地去关心别人，往往会让对方心里非常温暖。尤其是在家庭之中，夫妻之间，父母和子女之间，长辈和晚辈之间，相互之间的关心能温暖人心，构建和谐的家庭氛围。所以，如果你想让你的家庭温暖和睦，不妨发自肺腑地去关心你身边的每一个亲人。让亲人真真切切地感受到你的爱，同时把这种关心和爱传达给身边的人。如果一个家庭中的每一个人都能关心亲人，那么家庭氛围怎么能不和谐，家庭关系怎么能不友善呢？

3.多说表达爱和关怀的话

中国人由于传统内敛的性格，往往不善于表达自己的情感，尤其是家庭成员之间，觉得表达情感就是矫情，让别人肉麻。事实上，亲人之间也需要情感的沟通，也需要爱和关怀。所以，在平日里，多向你身边的亲人表达你的关心和爱护，让他们感觉到你很在乎他，你很需要他。这样，对方感受到你的爱，会感觉到温暖，同时也会把这种关怀和爱反馈回去。如此一来，这种关心和爱护的相互传递，会使家庭成员之间的关系更加融洽，家庭氛围更加和谐。所以，多向你身边的亲人表达你的关怀和爱，哪怕是一个问候，也能给对方的心灵注入一股暖流。

有爱就要说出来，感情才能升温

小姚大学毕业后，一直在外面上班，根本没有时间陪伴在爸爸妈妈身边，为此，妈妈常常埋怨小姚。这年春节回家后，小姚把爸爸妈妈哄得开开心心的，以前他们总是反对小姚出去工作，现在两位老人再也不反对女儿的决定了。

原来，小姚以前总觉得爸爸妈妈是自己最亲的亲人，没必要那么客气，尽管内心深深地爱着他们，但是从没有向他们表达过。可是这次，小姚学乖了，嘴上像抹了蜜一样，三句不离："亲爱的妈妈，我爱你。"在回来的当天晚上，陪着妈妈说了一晚上的悄悄话。自从小姚去外地上学之后，还从来没有和妈妈这样亲密过，妈妈高兴得整天乐呵呵的。

爸爸也很开心，以前，小姚回家很少和爸爸聊工作上的事情，这次回家和爸爸好好聊了几次，把自己事业发展的计划一五一十地告诉了爸爸。爸爸非常支持小姚，而且还主动提出来给小姚提供5万块钱的创业经费。

过完年，小姚出门的时候，忍不住哭了，她一边哭，一边说："爸爸妈妈，我舍不得你们，我永远永远爱你们。"妈妈哭着说："孩子，记得给妈妈打电话，妈妈会挂念你的。"爸爸默默地坐在屋里不说话，等小姚走后，爸爸长久地站在门口，迟迟不肯离去。

很多时候，我们以为家人是自己的亲人，亲人之间是不需要客气的，所以常常忽略了向他们表达自己的爱意。事实上，越是亲人，越是需要爱的表达，因为亲人更加在乎你，更加爱你。所以，与亲人之间也要经常表达那份爱意，不要默默地藏在心里，亲人之间更需要情感的交流。对于20岁以后的年轻人来说，向亲人表达爱显得尤其重要。那么，在向亲人表达情感的时候要注意哪些问题呢？

1.要选择合适的时间

对长辈表达情感的时候，一定要选择恰当的时间。一般情况下，要在两个人沟通非常融洽的情况下表达。有了之前融洽的沟通，两个人的心贴得很紧，这时候一句"妈妈，我爱你"或者是"爸爸，我爱你"往往会让长辈感动不已，觉得孩子贴心贴肺。在双方发生争执，或者是辩论的时候表达情感，一般都不会成功，因为对方和你正处在情绪的对立面，这时候你的表达不但不能融洽家人之间的情感，还有可能使矛盾进一步激化，使情感的传达受阻。而你失败一次之后，下次就不会再表达，觉得长辈不珍惜你的爱，觉得长辈不尊重你。这样一来，表达"爱"反而会起到拉远心的距离的反作用。所以，对亲人和长辈表达情感的时候，一定要选择合适的时间、合适的机会。

2.情感表达要适度

对于不善于表达情感的人，过度表达情感，就会起到反作用，任何事情都一样，过犹不及。当你的长辈一天到晚都能听到你在说"爸爸我爱你，妈妈我爱你，奶奶我爱你，姥姥我爱你"的时候，你在无形之中就会扮演"祥林嫂"的角色。爸爸不会再因为你表达了爱他而感动，妈妈也不会因为你表达了爱她而觉得你是个好儿子、好女儿。而且，情感表达多了容易让人对你产生反感，觉得你是虚情假意，觉得你拿长辈和你之间的情感当儿戏。当长辈对你有了这样看法的时候，就是亲情遭到践踏的时候。所以，表达情感一定要适度，要表达，但是不要滥表达。表达情感的目的是增进彼此之间的感情，如果反而伤害了亲人之间的情感，那就得不偿失了。

3.表达情感一定要诚恳

一般情况下，双方在进行情感交流的时候，都是心灵的交流。所以，在表达的时候一定要诚恳。一般情况下，都要认真地注视着对方的眼睛，因为眼睛是心灵的窗户。不能眼神游离，这会让对方感觉到你不诚恳，更不能随便开玩笑，这样会让对方感觉受到了羞辱。尤其与亲人之间，与长辈之间，更要懂得尊重。表达感情是一件严肃的事情，也是一件温暖人心的事情，一定要态度端正地去做，要认认真真地去做。

再生气，也不要口无遮拦

婚姻生活中，不仅女人需要从男人的甜言蜜语中得到安全感，男人也同样需要从女人的甜言蜜语中得到安全感。偏偏很多男人和女人都不懂得这个道理，尤其是女人，一旦在婚姻生活中不如意，就会马上以语言作为刺刀，恨不得一下子就扎入男人的心窝。殊不知，很多时候一巴掌打下去或者一口咬下去，给男人带来的身体创伤会渐渐复原，但是如果把话戳中

男人的心窝子，伤了男人的心，对男人的伤害是没有那么容易消除的。甚至，男人还会因此对感情失去希望，或者决定结束这段感情，这时冲动的、口无遮拦的女人，也就追悔莫及了。

通常情况下，男人在追求女人时，会说很多让女人怦然心动的话，这些话虽然是甜言蜜语，但是实际上却能给女人很大的安全感。例如"放心吧，有我呢""我会一直陪在你的身边，直到你变成老太婆"等等。女人呢，为了得到安全感，也会不停地追问男人是否爱自己。假如男人不愿意说，女人还会不停追问，由此可见，安全感对于女人而言多么重要。婚姻生活中，两性都需要安全感，但是拥有稳定的家庭和忠心的爱人，对于男人而言非常重要。

陌生的男女从对彼此毫无了解，到生活在一个屋檐下，难免会有很多摩擦、矛盾和纷争。在这种情况下，哪怕再生气，也不要用语言作为利剑，肆无忌惮地戳向对方的心，伤害对方。人们常说破镜难圆，就是因为心一旦受到伤害，就再也没法恢复到曾经彼此信任的样子。所以夫妻之间一定要珍惜彼此的感情，不到万不得已，千万不要轻易说分手，更不要提起离婚。要知道，恋爱和婚姻都不是儿戏，唯有我们认真对待人生大事，命运才不会轻易嘲弄我们。

在朋友的介绍下，乔乔认识了男朋友张坤。初次见面的时候，他们一见如故，丝毫不觉得生疏，仿佛认识很久的老朋友一样。因此没过多长时间，他们就确定了恋爱关系。然而，随着关系越来越深入，乔乔说起话来完全不过脑子，总是想说什么就说什么。渐渐地，张坤对于恋爱的感觉不那么好了，因为乔乔有时候肆无忌惮说出来的话，就像是利剑一样刺入他的心。

其实，乔乔也知道自己性格急躁，说起话来口无遮拦，但是她很努力也改变不了这个毛病。有一次，张坤不知道犯了什么错误，乔乔又脱口而出要分手，张坤黯然离开。失去张坤之后，乔乔才意识到张坤给自己带来了很多的快乐，但是对于她的挽回，张坤却说："我们也许并不合适，因为我太认真，承受不起你一次又一次漫不经心地说分手。"就这样，曾经甜蜜的爱人分开了，乔乔也觉得非常苦闷。

现实生活中，太多的人相爱容易相处难，究其原因，就是因为他们总是不知道如何把握好交流的尺度。的确，爱人应该是最亲密的关系，但是也正是因为相爱的人之间从来不设防，所以来自爱人的伤害总是最深切疼痛，让人难以接受和承受。假如乔乔能够收敛自己随意表达的方式，那么也许她至今还和张坤在一起你侬我侬呢！

要想通过语言给爱人增加安全感，就要避免提及一起禁忌话题，诸如总是频繁提起身边的异性朋友，而且对异性朋友赞不绝口，这不是故意要打翻醋坛子的节奏吗？此外，不管因为什么，尽量不要和爱人撒谎，否则就会失去爱人的信任，也会让爱人在婚姻之中变得惶惑不安。当然，除了这些不能说的之外，还应该多多向爱人表达爱意，告诉爱人他是自己的唯一，这样爱人才会更加有安全感，你真诚的爱意表达，也会使你们之间的感情变得更加深厚。

学会道歉与原谅，这是一种爱的表现

有时候，我们难以想象，对自己说出那些尖刻的话的人，却是自己最亲近的人。似乎每个人都有这样的习惯：我们总是很容易原谅别人，却往往不肯原谅自己身边的人。大多数人认为，结婚了彼此都成为了一家人，就不需要那么多的繁文缛节，似乎"对不起""没关系"在他们的字典里消失了。事实上，即使面对家人，我们也应该学会道歉与原谅，这既是一份爱的表现，同时，也可以使彼此都能够释怀。

两个人相处，最重要的是包容，谅解，当一个人感觉到自己被理解的时候，他会十分地感激身边的人，彼此之间的感情也会逐渐升温。甚至，我们可以说，两个人之间的相处之道就是理解和包容。

既然爱上了一个人，就爱上了他的缺点和优点，如果对方在某方面犯了错误，我们应该怀着宽容去原谅他，帮助其改正错误，还家庭一个和谐温馨的环境。有人说："我们最大的缺点在于，对他人太宽容，对身边的人太苛刻。"在很多时候，的确是这样。

当你想对家人生气的时候，不妨把他当做自己的朋友或者客人来对待，然后，你会发现，有些事情其实并不值得生气。

第 06 章

与恋人聊，甜蜜对话情深意长

语言是人类文明的标志，生活在现代文明社会的情侣或夫妻，更要充分利用语言进行沟通。一方说句笑话，或开一个玩笑，一下子就使气氛活跃起来；表示一下亲热，说一句温柔体贴的话，立即唤起对方心底的暖潮；一句抱歉和亲切的抚慰，立刻化解了对方的怨气；争论不休时，一句甜蜜的情话和温柔的爱抚就会变得心平气和……想要自己的爱情变得醉人心扉，就必须学会运用正确的方法表达自己的爱意。

第一次约会时如何避免尴尬

1.适当的话题使约会产生亲近感

约会总得有个说话的主题，一个好的谈话主题可以使约会者缓解一定的心理压力。生僻古怪的话题，大家都不熟悉，说起来就会语言短缺，只能靠生搬硬套来应付谈话了。你可以事先了解对方的一些情况，比如对方的兴趣爱好、和自己的相同点与不同点。在了解了一些基本情况后，可以自己设计几个与她兴趣爱好相关的话题。在话题的选择上，要尽量把话题缩小在自己熟悉的范围之内。要做到随机应变，才能以机智风趣的表现得到对方的赞赏。

谈恋爱就是要看两个人在一起有没有共同语言，有没有相同的兴趣爱好。所以要选择两个人都感兴趣的话题，选择与对方有共同点的话题，在共同的兴趣爱好下寻找属于双方共同的爱情。

2.语言是打动她心灵的钥匙

大家都说"热恋中的男人都是诗人"，每个男人在谈恋爱的时候，心情都会很好的，而这个时期大脑也会跟着异常兴奋。男人会用诗歌去抒发对爱情的美好向往，用充满激情的语言努力去打动女人的心。

恋爱中的女人都喜欢幻想，这个时候也许是男人的一首诗，也许是男人的一句情话，女人就会被男人那美好的语言所吸引。

　　用真诚的语言，不论对说话者还是对倾听者来说，都至关重要。说话的魅力，不在于说得多么流畅，多么滔滔不绝，而在于是否善于表达真诚。最能推销产品的人，不见得一定是口若悬河的人，而是善于表达自己真诚情感的人。而在谈恋爱的时候，更需要用真诚的语言去沟通，用语言去打动她的心灵。

　　3.为下次约会打好基础

　　在第一次约会中，双方只要谈得投缘，认为彼此就是自己要寻找的另一半时，那么下面的约会也就顺理成章了。

　　在约会开始前，自己要先知道，这次约会的时间大概多长为好。事先还要做好准备，在这些时间内与对方谈些什么，自己该做些什么，怎样才有情趣。所有这些，都要做到心中有数，不能到时茫然不知所措。

　　除此以外，短短的约会中，彼此的谈论被肯定的内容应该多一些。很多人第一次约会都可能会因为时间短促，意犹未尽地说再见了，这时，一定要给她以期待之感，让她渴望下一次的约会。

　　一次真心的约会都会在双方的心里描绘出一幅诗意的画面，如果在彼此的交流中都对对方感到满意，甚至很欣赏对方，那你们距离下一次的约会已经不远了。

事前做足准备，顺其自然进入话题

小李在上大学时第一次谈恋爱，在舍友的帮助下，才有了第一次约会。

在这之前，小李还追求过另外一个女孩子。他第一次给那个女孩子打电话时，电话刚接通他就挂了。第二次接通电话时，他还是紧张，把事先舍友给编的一段自我介绍竟忘得一干二净，双手抱着电话在那里发呆，只听得电话那端传来"嘟嘟"声，他才明白过来电话已经挂断了。

就这样，小李的第一次美好记忆便翻了过去。

他在吸取了失败的惨痛教训后，多方尝试，学习别人的说话经验，终于找到了现在的这个女孩子。而这个女孩子对他印象最深的地方就是小李会说话，知道怎样体贴女孩子。

现在的小李有时候还骄傲地给同宿舍没有女朋友的哥们传授经验，鼓励他们要像他那样努力做好准备，该出手时就出手。

谈恋爱就像做功课一样，要在平时多复习，扎实地学好知识，才有可能成功。会说话、并不是天生的，而是在后天的环境中刻苦努力练出来的。就像故事中的小李一样，在第一次电话约会失败后，努力学习成功人士的经验，逐渐练习，最终才恋爱成功。我们有时候拿起电话往往不知道跟对方说些什么，或者正在说话的时候大脑突然空白，出现那种令人不快的尴尬场面。那么，我们在打电话的时候，怎样才能避免无话可说的场景呢？

1.选择适宜的话题进行沟通

平时我们在打电话的时候往往会出现答非所问的场面，而出现这样的场面就是因为打电话的双方没有共同语言，对谈论的话题都不熟悉。所以打电话的时候，要了解对方的基本情况，然后选择一些比较适合的话题进行交谈。

一位教授和自己的学生打电话谈论一个哲学问题时，这个学生的回答不尽如人意，令这位教授很不满，他于是认为这个学生没法辅导。同样的道理，要是一对恋人打电话，一个是大学学历而一个只是小学文凭，在谈话时如果不选择适合双方的话题，那么他们的谈话也就不会成功，他们的爱情也就不会获得圆满。

2.防止通话短路

平时多做"功课"的目的就是可以现学现用，可以灵活运用，在关键时刻不卡壳。在与自己的恋人打电话时，双方都要学会随机应变，保证每次谈话都顺利进行。当一方出现卡壳时，另一方不妨迅速转移话题，转到大家有共同兴趣的话题上来。

要想不在恋人面前出现卡壳短路的情景，你只有自己平时多努力，努力学习别人的成功经验，努力锻炼说话的能力，才能在交流时赢得对方的好感。

3.减少废话，节约通话资源

打电话时出现卡壳，有的人就会没话找话说，找一些不着边际的话与对方交流。

双方在电话里东扯西扯，既浪费电话费又对身体不好，所以，我们要尽量保持清醒的头脑，电话交谈最好在适当的时间结束，这样既节省了电话费又节约了通话资源。

甜言蜜语，打动爱人的心

在爱情之中，从来不会说甜言蜜语，说任何话都显得干巴巴的男孩或者是女孩，很难得到爱人的青睐。传统观念里，恋爱中一定要由男孩承担起追求者的角色，但是实际上，随着社会的不断发展，很多女孩也渐渐变得越来越开放，因为男女平等，所以她们在遇到心仪的人时，也会主动展开攻势。那么不管是男孩还是女孩，都要学会打动人心的说话技巧，从而成功打动心爱之人的心，得到自己梦寐以求的爱情。

为何人都喜欢听甜言蜜语呢？归根结底，人的本性就是趋利避害，尤其更倾向于感性的女人，更喜欢听那些取悦自己的甜言蜜语。当然，就和赞美一样，对女人的甜言蜜语更要发自真心，否则女人一定会感受到男人的虚情假意，因而对男人敬而远之。当然，女人的这个特点也是有很大危害的，诸如有些女人因为遇人不淑，就会被对方居心叵测的伪装所迷惑，更是被对方的甜言蜜语所折服，最终被对方欺骗，对自己造成严重伤害。当然，我们首先要真心喜欢一个人，才能对他说甜言蜜语，才能努力争取得到他的心。毕竟，恋爱不是简单随便的事情，甚至关系到我们一生的幸福，所以我们对他人负责，实际上也就是对我们自己负责。

曾经，有个男孩从生下来就是个驼背。虽然他长相英俊，但是却因为这个致命的缺点，因而总是受到他人的歧视。不过男孩没有放弃，而是一心一意想要找到自己心仪的女孩。一个偶然的机会，男孩认识了一位很漂亮的女孩，因而鼓起勇气向女孩表达自己的爱意。女孩似乎从未想过有一天会得到一个驼背男孩的爱，也难怪，大多数女孩心中都梦想着自己会找到一个白马王子，哪里会想到自己人生的另一半会不那么完美呢！因而，女孩被吓得逃开了，接连好几天见到男孩就躲开。

一连几天，男孩没有见到女孩，觉得非常思念女孩，因而有一天特意等在女孩的家门口。女孩看到男孩又准备躲开，男孩却三步并作两步地走上前去，说："我只是想和你说几句话，我说完就走，请你给我这个机会吧，我等了你好几天了。"看着男孩恳切的眼神，女孩不忍再拒绝男孩，因而不耐烦地说："你快说吧，我只有几分钟的时间。"男孩笑了，心平气和地问女孩："你相信缘分吗？"女孩不知道男孩用意何在，因而说："当然。"男孩娓娓道来："我从小就听我奶奶说，人与人之间是有缘分的，而且缘分是上天注定的，所以每个人在出生之前就已经知道自己的另一半了。我也知道我的另一半是谁，但是她是个驼背。看着注定要和我度过一生的女孩长得那么漂亮，却是个驼背，我伤心极了。因而我去恳求造物主，让他把驼背安排在我的身上，因为我愿意为最爱的人受苦一生。"听到男孩的话，原本沉默的女孩不由得潸然泪下，虽然她知道男孩说的是虚无的故事，但是她却感受到了男孩殷切爱她的心，她被感动了。随后的日子里，她越来越了解男孩，也意识到男孩的好，因而与男孩越走越近。最终，他们有情人终成眷属，幸福地生活在一起了。

每个人都有追求自己所爱的权利，哪怕是一个驼背的男孩，也要鼓起勇气勇敢追求属于自己的爱情。驼背男孩之所以能够成功，就是因为他的真诚和挚爱。要知道，男性通常都粗心大意而且感情不够细腻，因而很多女性都尤其珍视男性的真诚和深爱。虽然现代社会有很多女孩都是颜控，但是依然有很多女孩忠诚于自己的内心，愿意为自己一生负责，所以她们

更崇尚爱情，注重精神和心灵的契合。因而每一位年轻的朋友，在追求自己所爱的时候，千万不要自惭形秽，而是要勇敢地说出甜言蜜语，也许其中的某一句就会让你所爱的人怦然心动，也会让你所爱的人对你更加用心。

注意，甜言蜜语并非是胡言乱语，因而我们的甜言蜜语必须出于真心，而不要抱着欺骗他人的目的去随意说些悦耳的话哄骗他人，否则爱情会使人感到彻骨的伤痛。此外，现在大多数恋爱中的人都喜欢浪漫，尤其是女人，因而除了真诚之外，男孩要想追到自己心仪的女孩子，也不妨更浪漫一些，给爱情披上如梦似幻的外衣。爱情，是造物主赐予人类最珍贵的礼物，我们要想尽情享受爱情，就要学会经营爱情，更要掌握能够加深爱情的说话之道，成功助力爱情。

说一些有安全感的语言，让对方的心得到慰藉

心理学家研究表明，生活中有这样一种心理现象：男人总是对女人说"我这辈子就爱你一个人""你是我今生的唯一"，这些话常常让女人非常感动，并让女人对这个男人死心塌地。如果男人不说，女人就会没完没了地追问："你到底爱不爱我？"

事实上，一个人一辈子不可能只喜欢一个人，可是为什么女人却总是喜欢听男人的谎言呢？心理学家解释了这种现象：在婚恋中，不管是男人还是女人都普遍缺乏安全感，他们喜欢让对方不断表决心，以此来确定彼

此之间的关系是否恒定。尽管他们也知道，对方可能，可能是口是心非，但是他们还是愿意相信。基于情场中的人们普遍有这种心理，那么彼此在相处的时候，就要学会及时地说一些有安全感的语言，让对方的心灵得到慰藉。

雯雯和靖宇是通过朋友介绍认识的。见面的那天晚上，两人有说有笑，并没有任何一点拘谨，气氛也很和谐，双方感觉都很好。没过多久，两人牵手，正式确定了恋爱关系。虽然两人一直在热恋中，但是靖宇却感觉不到一点儿幸福，他总是忧心忡忡，被别人伤害过之后，他不敢再放开手脚去爱，他怕对方突然间从他的身边离去。

雯雯也担心靖宇会离开她，因为靖宇不落俗套、才华横溢，身边总是有很多漂亮时尚的女孩子，其中不乏一些各方面条件比自己都优秀的人。为此，她也总是很担忧，担心某一天靖宇突然从她的身边消失。

尽管两人都在拼命努力，可是感情并没有增进多少。因为两人都缺乏安全感，不敢放手去爱，而把爱情当作模式或者是程序一样走完。以至于后来两人都厌倦了这种模式，他们都很迷茫：接下来怎么办？分手吧，有些不舍得，毕竟彼此爱着对方。可是继续呢，又觉得两人都小心谨慎，爱情没有意义。

雯雯和靖宇都很喜欢对方，但是由于缺乏安全感，所以不敢放手去爱，以至于让爱情完全变了味道，走到了十字路口，亮起了黄灯。究竟是该继续呢，还是该放弃呢？两人都很茫然。心理学家说：事实上，他们只是缺乏对彼此的信任，对自己产生怀疑，对别人产生怀疑，对爱情产生怀疑。安全感是爱情防护墙，因为生活的变数实在太大，爱得深了，可能会

伤害自己，缺乏安全感，爱情便索然寡味了。可见，在爱情中，爱人需要多说一点有安全感的语言，鼓励对方放手去爱。

在生活中，这样的例子非常多，娜娜和小鹏相爱已经有三年的时间了，三年中他们吵过，闹过，也分过手，可还是始终在一起坚持着。但最近两人却分道扬镳了，不是因为别的，而是因为娜娜的一个同事在追求她，这让小鹏非常不舒服，他不让娜娜和对方接触，可是娜娜还是经常和对方有电话联系，有时候还赴约。这让小鹏受不了，最终提出了分手的要求。事实上，娜娜和对方也没有怎么着，可是小鹏总是不放心，总是没有安全感。可见，作为恋人，一定要在对方面前多说有安全感的话，让对方对你有足够的信心。

那么，如何表达才算是有安全感的语言呢？

1.常表达"你是我的唯一"

由于爱情的唯一性和排他性，在情场中的人都希望自己是对方的唯一。但是，这或许是自己的一厢情愿罢了，对方未必会这么认为。因此，对对方的怀疑，常常让恋爱中的人感到不安全，因而，我们需要在爱人的面前时不时地表表忠心。这在一定程度上能增加爱情的甜蜜。

2.不要提及关系密切的异性

在爱情中，另一半身边的异性无疑是你潜在的危险，因此，在和爱人聊天的时候，最好少提你身边的异性，否则会增加对方内心的不安全感。当然，多谈一些同性朋友，则能增加伴侣内心的安全感。让他（她）觉得你是处于一个绝对安全的环境中，分手或者是离婚的诱导的因素就会少很多。

3.要诚实些，不要轻易撒谎

爱人之间要互相坦诚，这样能增加彼此之间的信任度。当然，最好不要随便对对方撒谎，因为这样会降低你所说的话的可信度，增加另一半内心的不安全感。即使不得已撒了谎，事后也要同爱人主动沟通，避免彼此之间因为不信任而互相猜忌，因为猜忌无益于感情的增进，反而会降低情感的质量。

人有"多疑"的心理，事实上是内心之中极度缺乏安全感的表现。尤其是恋人之间，对这种安全感的需求更为强烈。如果在对方身上得不到安全感，心里就会产生恐慌，甚至会影响彼此之间的感情。在爱情中，一定要及时向你的爱人传达让他（她）感到安全的语言，这样才能让你们的感情更扎实。

巧谈敏感话题，使其变成增进感情的催化剂

恋爱中，人们为了证明爱情的可靠，通常会问爱人一些敏感的问题，比如，如果一个男士因为贫穷而害怕失去自己心爱的女孩，他会问："如果给你5000万，条件是离开你的爱人，你会同意吗？为什么？"如果这位女士的回答是："肯定会离开呀，这么多钱！"那么，这位男士必将伤心不已。再比如，尚未确定恋爱关系的一对男女，这位男士想更多地了解这位女士，他会问："你最希望从朋友（不包括爱人）那里得到的是什么？"如果这位女士回答："我希望我未来的丈夫能有车有房。"那估

计，这位男士会认为，这位女士是冲着自己的钱来的，再谈下去已无必要。恋爱中，我们经常会遇到诸如此类的敏感问题。此时，如果我们的回答能让对方满意，消除其顾忌，那么，这对于双方感情的增进是有帮助的。而假如我们不善言辞，那么，可能原本关系发展良好的两个人会因此留下心灵的隔阂。

那么，在遇到这些敏感话题的时候，我们该怎样回答呢？

1.领悟问题的含义，避免唱"独角戏"

恋爱是"谈"出来的，你一个人说，恋爱怎么会成功呢？只有双方你来我往、你言我语，感情才会更进一步。

2.委婉表达

英国哲学家培根说："交谈时的含蓄和得体，比口若悬河更可贵。"两性相恋，两情相爱时，语言交谈是表达感情的重要方式，它直接反映着爱情的格调、品位，关系到爱的生存和死亡。每个人的性格气质、修养、身份、经历的不同造就了不同的交谈特点，或诙谐幽默，或直白平实；或坦诚坦率，或含蓄委婉。过分的亲昵，肉麻的表白，反而显得缺乏修养，有时候山盟海誓更会让人感到缺乏真情。

这一表达方式同样适用于那些敏感的问题，比如，对方希望从你口中获知你对他的态度，此时，如果你直接说"我愿意"，则显得太过袒露，而如果你回答"以后你负责洗碗还是做饭？"对方则立刻了解了你的态度。同样，如果是拒绝，委婉的语言也更容易被接受。《归心似箭》电影中的玉贞爱上了魏得胜，她并没说"我爱你"，而是向正在为她挑水的他说："挑吧，我要你给我挑一辈子！"《白莲花》片中红军团长肖列向白莲花表白爱情时说："我希望的是你和枪一起到红军中来。"一语双关，含而不露。

可见，人们在谈恋爱的时候，如果能巧妙地掌握和运用"婉言"这一绝妙的交谈方式，情窦深处就会充满温煦的阳光。"曲径通幽处，禅房花木深"，通过那弯曲的小道，去寻求幽静高雅花木葱茏的爱情胜境。尤其是初恋男女，彼此间的心灵尚未彻底沟通，各自都在揣摩对方的心理，品味对方的性格，甚至在衡量对方的优劣长短。此时，他们会提出各种敏感的问题，此时，只有用婉言才能更巧妙、更有效地打动对方的心，拨响爱的琴弦，提高恋爱的成功率；也只有用婉言，才能在各种不同场合、环境下，产生美妙奇异的爱情。

"哪个男子不钟情，哪个少女不怀春"，爱情似一杯美酒，有醉人的醇香，也有恼人的苦涩。总之，处在谈情说爱季节里的人们，不要因为自己不会"谈"、不善"谈"，结果把爱情变成了一杯苦酒。面对那些敏感的问题，要巧妙回答，然后把这些恋爱中的问题当成加深彼此感情的催化剂！

吵架有秘诀，学会如何吵架会越吵越爱

有时候，爱人之间的争吵会让感情在硝烟中慢慢飘散，他们会因为争吵来伤害彼此的感情，最后使彼此的感情都变得十分的脆弱。而有时候一对爱人的争吵会成为感情的"催化剂"，感情会在吵架之后，突然升温，

彼此变得更加爱对方。英国最新的一项调查发现，如果讲究吵架技巧，并且善用吵架"秘诀"，也许吵架也可以成为两人感情的催化剂，使你们的感情在经历了"冲突"之后，比以前更加稳固和坚实，这就需要每一位爱人掌握一些"越吵越爱"的技巧。

两个人在一起难免会出现磕磕碰碰的情况，俗话说：牙齿和舌头那么好的交情，可是牙齿免不了伤了舌头。更何况是两个思想和观念都不一样的人，他们总会为了一些鸡毛蒜皮的事情就开始争执起来，互不相让，甚至大打出手。其实，两个人在一起，吵架是很正常的，也常常有人用"打情骂俏"这样的词语来形容情侣之间的爱意。即使在吵架的时候，我们也还是互相爱着对方，生活中偶尔的吵架也是一种沟通。可能两个人在一起久了，我对你或是你对我都会有一些抱怨，会觉得这件事情你哪里做得不到位，或是我每次约会迟到都会让你觉得恼怒。以一件小事作为导火线，让两个人都把对彼此的怨气发泄出来了。当我们彼此都说了自己对对方的抱怨之后，你才发现事情原来是这样，于是，对于对方指出的缺点，我们在今后的生活中就要改一改。并且，不失时机地表白一下你的爱情，会让你们的感情更加稳固。

双方在一起时间长了，就会不可避免地发生一些争吵，俗话说"床头吵架床尾和"，掌握一些技巧，才能在吵架的时候不伤害感情，不会闹得两败俱伤，而是巧用吵架作为两人感情升温的催化剂，使得两人越吵越爱，越吵越亲，感情指数急剧上升，而这就需要注意以下技巧。

1.要就事论事，不要翻旧账

在发生争吵时，你会因为伤心而想起以前的很多事情，包括以前所受的委屈，他所有犯过的错，这些你都会忍不住要拿出来，甚至趁此机会把他身上你看不惯的地方，一个一个地拿来数落一番，如果还不解气，你还会把他的朋友、亲人，哪个你看不顺眼的，也数落一番。其实，本来只是为一件小事争执，但是因为你的"乱开炮"，就会牵扯到一大堆人。吵到最后，你几乎已经忘了最初的原因，憋了一肚子气："算了，这日子别过了。"于是，战火愈演愈烈。

其实，两个人争吵的时候，不要把陈芝麻烂谷子都翻出来，那样只会增加彼此的怨气，还不如就事论事，理智一点，你就会发现，一些小事情根本就不值得吵。

2.吵架的时候切忌冷嘲热讽

有的人在吵架的时候，喜欢说讽刺的话："我走了，你岂不是自由了吗？我也省得闹心。"这样的口气会更加激怒对方。讽刺的伤害是很大的，没有哪一个人能够容忍爱人对自己的嘲讽。所以，即便是争吵，也不可冷嘲热讽，你想表达什么，就直接表达好了，不要用讽刺的语气说话。

3.争吵时不要冷战

冷战虽然不是很高明，但是所有吵架的人都会用。吵架后，他们选择不接对方电话，不给对方任何解释的机会，或是一气之下跑出家门。彼此都等着对方来道歉，看谁先低头，于是冷战成了一场赌博。其实，这时候冷战，冷掉的不是你们彼此的怨怒，而是你们之间的感情。不要企图用冷战的形式去惩罚对方，因为这同时也是在惩罚你自己。

4.不要抢对方的话头

吵架的时候，彼此都是据理力争，有很多人总是不等对方把话说完，

以为自己完全知道他想说的是什么，就会把话头抢过来，发表自己的意见。其实我们在对方说话的时候应该选择倾听，才能清楚地明白对方所要表达的意思，才能避免因为你的误解引来更大的争吵。

只要你掌握以上的技巧，就会让你们的吵架成为你们感情升温的催化剂。你会发现，当你们吵架之后，彼此更能理解对方，而且感情也会越来越深。

第 07 章

与朋友聊，点滴关怀系情谊

　　我们每个人都需要友谊，在生活里也需要朋友，然而，友谊是需要维系和经营的，其中重要的一个方面就是交流，如何说话是一门学问，尤其是在与朋友沟通的过程中，我们都应该提升谈话的能力，这样才能左右逢源，提升情谊。

言语宽慰，展现你的关心

在我们身边有许多人渴望得到宽慰，有可能是失业的朋友，有可能是身患绝症的同事，有可能是正在经历婚变的大学同学，有可能是患重病的亲人，等等。面对这些正在经历伤痛的人，我们能帮什么忙呢？

对我们而言，目击他人的伤痛与不安，是一件异常痛苦的事情，我们应该想办法解决它，或者采取某些行动。然而，有的人不懂得宽慰对方，或者为了避免说错话，选择什么都不说，从而错失了表达关心的机会。

在心理学中有"言语暗示"这样的说法，因此，我们在安慰生病的朋友时，如果能够给予对方以心灵补偿的话，就有可能会促使对方的病情向好的方向转化，比如"看来，你的危险期已经过去了，这就好多了，以后，你就多了一种免疫功能，比起我们，就增加了一道屏障"，这样的宽慰之语会让对方获得一种心理上的满足感，不再为病情所担忧。

适时适宜的宽慰之语，无疑会成为抚平对方心灵的一剂良药，下面我们就介绍几种合适的宽慰言语。

1.同病相怜的宽慰之语

共同的话题是相通的纽带，宽慰对方的时候，如果能把自己曾经或者类似的遭遇说出来，就很容易产生"同病相怜"的效果。比如"去年，我也曾遇到过你这样的情形，当时我咬牙一挺就过去了，相信你也能行的"。

2.醒慰之言

对于一些深陷痛苦的人来说，一般的宽慰之语不能起到效果。这时候，如果能够触及根本，促使对方从伤痛中幡然醒悟，也可以收到宽慰之效。比如"听着，小王，我年纪比你大多了，懂得人生的真理，那就是不要为你不能改变的东西而哭泣"。

3.诙谐宽慰

有时候，宽慰别人并不是一本正经地表达某种同情，它也可以诙谐一点，这样所表达出来的效果会更贴切。比如，安慰失恋的朋友，可以这样说"你是失去了一棵大树，可却换来了一片森林呀"。

其实，当朋友需要支持，或者需要帮助的时候，我们应该尽可能地用言语去宽慰对方，或者付诸一定的实际行动，帮助他们度过最伤痛的日子，这不仅是一种友善的行为，而且，也会令对方心存感激，继而使彼此之间的关系更为亲密。

言语谦和，虚心待人才会赢来朋友

人们之间的交往、交流离不开语言，要想交流成功，达到预期的目的和效果，就要学会运用语言的艺术。孔子说："文质彬彬，然后君子。"

说话人人都会，但语言显然有文雅与粗俗之分。具备现代文明修养的我们，要想在人际交往中交到朋友，就要在交流中彰显自己的谈吐，表现自己的谦和态度。

的确，我们不难发现，那些性情宽厚豁达、说话谦和热情的人更易受欢迎，更易建立良好的人际关系。相反，心胸狭窄、性情孤僻，说话尖酸刻薄的人，人际关系必然紧张。与人交往，对人宽容，不斤斤计较，才能与他人相处融洽，自己也会更快乐、自在。如果你一团和气，带着微笑的脸，诚恳的眼神，谦卑的神态，温言软语，不管是提出请求、要求，还是表示赞赏、批评，又有谁能够拒绝你呢？

当然，语言谦和绝不是说一些不着边际的客气话，也不是要如好好先生一般唯唯诺诺，更不是任人欺凌。谦和有礼是一方面，真诚地尊重对方、关心对方的需要，尽力避免伤害对方，虚心听取别人的意见，关心别人的感受和反应是另一方面。

那么，具体来说，我们该如何通过谦和的语言打动他人呢？为此，你需要掌握以下"五不要"：

1.不要傲慢无礼

那些夸夸其谈、目中无人的人是令人讨厌的，为此，我们要做到态度自然、和蔼。

2.不要分贝过大

与人交谈时，不要认为高声谈笑就是真实自然的表现，说话分贝过大，不仅会影响到别人，让别人觉得刺耳，同时还是一种无礼的表现。因此，说话应轻声轻语，声音大小以对方能听清为宜。

3.不要卖弄你的口才

即使遇到意见不合的问题，也不可高声辩论，不要当面指责，更不要冷嘲热讽，甚至恶语伤人，而应语气委婉，各抒己见，尽量说服对方或求同存异。

4.不要顾此失彼

在和多人交谈时，千万不要只关注一个人而冷落了其他人，最好是用一个话题唤起大家的兴趣，让每个人都发表自己的意见。

5.不要打断别人的谈话

别人讲话时，话题突然被打断，对方会产生不满或怀疑的心理。认为你水平低，见识浅；认为你讨厌、反感这类话题；认为你不尊重人，没有修养。

当然，语言谦和也要把握好度的问题，说话只是表达思想、说明事情，我们没有必要靠语言来乞求怜悯或攫取威严，你不必唯恐别人不高兴，极力表现出毕恭毕敬的样子，唯唯诺诺、点头哈腰，堆砌一大堆客套话，其实这只会被人瞧不起；而盛气凌人、出口伤人，摆出一副傲慢的姿态，会令人敬而远之，或觉得你不知天高地厚、浅薄至极。正确的方法是不卑不亢、客气大方、讲究实在、有理有节。

心理研究表明：情感引导行动。积极的情感，比如谦和、大度等往往能产生理解、接纳、合作的行为效果；而消极的情感，如傲慢、无礼等，则会带来排斥和拒绝。所以，若是你想让人们相信你是对的，并愿意与你结交，那么，你首先就要以礼待人，让对方感受到你积极的情感。

说话留有情面，见好就收

中国人历来比较注重面子的价值，在官场上、酒桌上、社交场合，人们都把自己的面子看得比什么都重要，誓死捍卫自己的面子。"面子"这个古老的中文词汇在它诞生之初就有了非比寻常的意义，以至于我们很多人无法不重视它的存在。当人们在无法判断某人的才华能力或权力地位的时候，就会根据其是否能博得面子来判断其为人。于是乎，就诞生了这样一句话"交际场上，面子大过天"，大多数人明白了这样的道理，自然也就懂得了在交流沟通时维护他人的面子。

可是，对于某些人来说，他们偏偏不认这个理，说话咄咄逼人，信口开河，丝毫不顾及别人的情面，以至于闯下大祸。在日常交际中，本来只要见好就收，对方也就不再声张了，可有的人就是嘴巴闲不住，硬是多说了那么几句或一句，结果，扫了对方的面子，搅黄了整个沟通，而且，也得罪了对方，这简直是得不偿失。所以，在某些交际场合，你想表达什么观念或意见，尤其是涉及到情面的事情时，见好就收吧，别不留情面，否则，苦头只有你自己吃。

1.给对方留面子，就是给自己面子

许多人不知道这样一个道理，你若是给了别人面子，其实就是给自己面子。可能，在现阶段，对方的处境并不怎么样，但是，你也没必要赶尽杀绝，硬是要扫了他的面子。凡事多与人为善，今天你给对方留面子，日后他肯定会把这面子留给你。

2.避开对方敏感旧事

隐私就是不可公开或不必公开的某些事情，有可能是缺陷，有可能是秘密。因此，我们在进行语言交流的过程中，需要避开彼此的隐私，即使无意中提到了那么一两句，也需要见好就收，别不留情面。

3.得饶人处且饶人

在生活中，有可能会出现这样的情况：对方无意之中犯下了错误，可你却总是揪着对方的错误不放，说话越来越过分，丝毫不顾及对方的情面。其实，不管对方是无意还是有意，既然错误已经发生了，再说那么多的话也于事无补，所谓"得饶人处且饶人"，批评的话也见好就收吧，别不留情面。

常联系，友谊需要经营和维系

很多人都有过这样的经历：自己深陷困境时想起某人可以救助自己，于是想去联系对方，但仔细一想，自己已经好久没联系他了，现在有求于人才去找他，是不是太现实了？甚至担心因为太唐突了而遭到他的拒绝，但是这有什么办法呢？

王雷毕业之后从事出纳工作多年，后来公司因经营不善，被迫解散，王雷也因此失业了。可是，令他意想不到的是，现在的这份工作是"主动"找上门来的，这得益于几年前他租房时相识的房东张叔叔。

几年前，王雷和很多寻找事业梦想的人一样来到了这个陌生的大城

市，为了省钱，他和同事一起在离市区稍微远点的地方找出租房，赶巧张叔叔来房屋中介登记自己的一套房子，准备出租。因此，他们私下沟通，张叔叔打算把房子直接租给王雷他们。

张叔叔要出租的这套房子和他自己住的房子离得不远，所以他隔三差五还来问候问候这几个年轻人。同时，张叔叔的儿子工作比较忙，不太常回家，如果张叔叔有什么需要王雷他们也都尽力去帮，他们之间的关系还是非常融洽的。

后来，王雷的同事有的打算结婚，要搬出去住了，王雷此时的收入也可以单独去租房了，因此他们便从这里搬走了。虽然搬走了，但是王雷和张叔叔还是经常联系，毕竟之前的感情还是在的，不管张叔叔有什么需要，王雷都热心地去帮忙。

后来一段时间，王雷因公司解散，便闲在家中。那段时间他找了好多工作，但是都不合适，于是有些心烦，就一直待在家里。王雷这段时间没跟张叔叔联系，张叔叔感到有些牵挂，于是就去他家坐坐。寒暄之后，张叔叔得知王雷正失业在家，便对王雷说自己的儿子正在经营一家物流公司，现在缺一名数据管理人员，不知道王雷愿不愿意屈就。张叔叔还说，库管数据是一个重要的岗位，交给陌生人有点不放心，王雷是个热心肠的人，做事细心踏实，如果愿意的话，他就把王雷推荐过去。

第二天，王雷便去张叔叔儿子的公司报到了。如今张叔叔儿子的公司扩大规模，王雷已经成为片区经理了。

王雷深有感触地说："机会什么地方都有，只要平时对人真诚、热心一点，多为他人付出，时常联系对方，身边就会有很多的朋友，而朋友多了路好走，这话一点儿也不假。"

如果王雷在搬家后就不联系张叔叔，那他就没有如今的好机遇了。常联系，彼此的关系才能更近一步，常联系，多个朋友，才能多一条出路。朋友们，我们身边有很多的朋友，包括同学、同事、甚至只见过几次的人，如果你懂得珍惜这份情谊，多与对方打交道，多加联络，那你的人生之路会好走许多。

现代人的生活都是忙忙碌碌的，很多人没有时间去聚会，这样时间一长，原本牢固的关系也会变得松懈，朋友之间的感情会变得淡漠，这是很可惜的。所以，即使再忙，也要与朋友多沟通一下感情，感情投资是需要平时一点一滴积累起来的。

怎么样才能通过经常联系来维持与朋友之间的关系呢？

1.不要喜新厌旧

如果把朋友比作美酒，那老朋友就像是一坛陈年佳酿，历久弥香；而新朋友就像是刚酿的白酒，虽然鲜香可口，却经不起品味。在社会交往中，我们会交到各种各样不同的新朋友，但是请君谨记：有了新朋友，莫忘老朋友，经过岁月沉淀下来的老朋友更知心、更靠谱。

2.注意把握好时间

有的时候我们的朋友都比较忙，而且也都有自己的生活，这就需要我们分辨出一些联络的最佳时机，做到既不打扰到对方的工作生活，又能起到联络感情的效果。比如说我们不要在朋友上班的时间打电话给对方，而应该选择刚刚下班之后的那段时间。

3.变动时及时通知

不论是升迁、搬家、更换手机号还是其他一些重要的变化，切记及时告知朋友。这样会让他觉得，他在你的心目中地位很高，你很重视他。如果你不及时告诉对方，当他联系你的时候才知道你已经搬家，那他就会感到你没把他放心上，或是淡忘了他。你们的感情也会慢慢变淡。

我们千万不要平时不联系，一联系就有事相求。抱着"无事不登三宝殿"的心态对待老朋友是非常危险的，对方会认为我们是在用彼此的感情来做交易，根本不看重彼此的情谊，如此再深厚的感情也会土崩瓦解。

共勉与鼓励，共同成长与进步

威廉·阿瑟·沃德曾经说过："拍我的马屁，我可能不会相信你；如果你批评我，我可能会喜欢你。如果你对我视若无睹，我可能不会原谅你；但是如果你鼓励我，我永远都不会忘记你。"要知道，我们每一个人都需要别人的鼓励，更会对别人的鼓励铭记于心。与人交谈，谁都免不了哭诉自己的困境和烦恼，遇到这种情况，我们要做的是相互鼓励，给彼此动力，从而共同进步，一个言语中处处呈现鼓励的人定更能受人欢迎。

钱晓飞大学毕业之后一直都没有找到适合自己的工作，为此，她感到万分沮丧和苦恼，心灰意冷的她突然觉得自己成了世界上最没有用的人，于是整天把自己关在房间里，黯然垂泪。

晓飞的好朋友们知道了她的情况，纷纷过来给她打气，鼓励她不要放弃。在一片安慰与鼓励声中，李潇说道："虽然现在工作是很难找，但是你也不能轻言放弃啊！世上无难事，只怕有心人，既然你找了那么多工作都不合适，不如去学一门技术吧。我记得你最喜欢做菜了，而且你曾经说过，你的梦想就是做一名大厨，你要做出世界上最美味的菜肴让我们品尝。我相信，只要你喜欢，你就一定能做得好。"

钱晓飞听了李潇的一番话，仿佛在瓢泼的大雨中看到了灿烂的阳光，难怪她觉得自己找的工作都合适，自己竟把最初的梦想都忘记了。定下心来的钱晓飞第二天就去一个厨师培训班报了名。在学习的过程中，各种各样的困难不断向她袭来，致使她产生了放弃的念头，当她把自己的想法告诉李潇时，李潇温柔地鼓励她："宝剑锋从磨砺出，梅花香自苦寒来。只有找准目标并坚定不移地走下去，你才能获得最大的成功。我相信我的朋友不是一个喜欢半途而废的人，你一定要加油，我还等着品尝你做的美味呢……"每当心情烦闷想要放弃的时候，钱晓飞都会想到李潇说过的话，最终，钱晓飞坚持了下来，她始终都没有忘记李潇对她的鼓励和支持。经过多年的拼搏，钱晓飞拥有了自己的大饭店，她觉得这一切都源于李潇对她的鼓励，于是诚恳地邀请李潇担任饭店的总经理。在她们的共同努力下，饭店被她们经营得有声有色。

朋友的鼓励就像阳光，照进我们的心灵；朋友的鼓励像甘泉，滴滴滋润，味道甘甜；朋友的鼓励是一股力量，给我们带来希望，带来光明，带来方向……生活中，谁都离不开鼓励的话语，谁都需要被鼓励，朋友们，让生活多点鼓励吧，鼓励会使力量更为强大，关系更为亲近。

鼓励可以带给人希望，让人更加奋发图强。长辈鼓励晚辈，晚辈会更

加上进；老师鼓励学生，学生会更加努力；老板鼓励员工，员工会更加尽职；夫妻互相鼓励，家庭会更加美满。学会鼓励他人，是处世的艺术，也是人际交往的润滑剂。被鼓励的人重新振作，并对鼓励者心怀感激，这就是对鼓励者最好的回报。

那么，到底如何鼓励效果才更好呢？

1.要带动积极的力量

鼓励意味着给予力量和热情，鼓励别人就要发现别人的优点、潜能，及时给予肯定。不要打消别人的积极性，要给他人报好消息，尽量不要报坏消息，凡事要看形势好的一面，看事情好的一面。

2.寻找他人的优点

只要我们愿意，我们总是能够在别人身上发现某些值得称道的优点，当然也可能发现某些需要批评的缺点，这取决于我们寻找什么。如果我们能多去欣赏他人的优点，并给予一些赞扬，那么对方一定会因我们的赞美而大有进步。

3.给人送去新的希望

鼓励的最高境界就是给人带去新的希望。当一个人处于低谷时期，只要有人坚定地告诉他："你一定可以渡过这段困难的时期！"或者"我相信你一定可以做得到！"这些给人希望的语句，常常可以给予人坚持下去的勇气。

生活是美好的，但同时又是坎坷的，在我们迈步向前的时候，如果能多一些鼓励少一些冷漠，这条生活之路将会更好走些。所以，请不要吝惜你铿锵有力的话语和温暖的眼神。

诚实守信，朋友间要说到做到

李凯是一家公司的普通职员，他的朋友吴涵刚刚成立了一家自己的公司。为了庆祝一番，吴涵在酒店邀请过一帮朋友欢聚一堂。朋友们玩得很高兴，都祝福吴涵生意节节攀高，这个时候，李凯突然说："吴涵放心，你的单子我给你包了。"

其实李凯明白自己根本没有那么大的能耐，可是为了面子他还是毫不犹豫地说了出来。结果，这句话所有人都记住了，朋友们都说李凯够义气。一瞬间李凯感觉自己很伟大，于是夸下了更多的海口引得朋友们无不羡慕。

李凯的话让吴涵牢牢地记在了心里，几天以后，他去找李凯做单子，而李凯只不过说说而已，并没有想到吴涵会真的找他帮忙。这下李凯慌了，因为他自己根本就没有什么把握。

李凯知道自己没什么本事，也就坦白地对吴涵说："我只是嘴上说说，没想到你还当真了。"从这之后，朋友们开始感觉李凯并不像他说的那样，于是对他产生了一丝反感。而李凯自己也高兴不到哪里去，情绪越来越急躁。

如果你说过要做某件事情，就必须办到；如果你办不到，觉得得不偿失，或不愿意去办，就不要答应别人，你可以找任何借口来推辞，但绝不要说："没问题！我一定办到。"如果你答应了而又告诉对方只是开玩笑或随口说说，那你给对方的好感将会大大降低，因为你或多或少给他带来了一定的失望和损失。

　　李亚航在竞选公司的销售经理一职时，当着全公司销售人员的面，郑重地许下诺言：

　　一年之内要打开公司产品的销路，把积压在库房里的产品都推销出去，并在本年年终时，发给每一位销售人员一笔可观的奖金。

　　李亚航顺利地赢得了销售经理一职。刚开始，员工们见他成天到处跑销路，或是制订一系列的销售计划，忙得不亦乐乎，便在心里头暗自庆幸自己选对了领头人。

　　"新官上任三把火"后，公司的销售业绩略有起色时，李亚航便开始放松自己，并且独断专行，不顾市场的实际情况，仅凭自己的感觉就要求下属去制订销售计划。当下属们善意地向他提出意见时，他不是拒绝，就是严厉批评，因此，整个销售部门的业绩直线下滑。

　　到年底时，销售人员不但未领到李亚航承诺的高额奖金，甚至连一部分工资也被扣下了。下属们终于忍无可忍，引发了销售部的一场"动乱"，公司总经理也只好让李亚航走人。

　　李亚航为自己的轻诺寡言付出了沉重的代价。

　　没有诚信，李亚航终究败下了阵，不为自己的话负责，不对他人负责，他就无法得到他人长久的支持，他拥有的一切也终究会被推翻。

　　诚信无小事，即使再简单的承诺，也要说到做到。借书给同事，帮同事捎东西，答应给人捧场这种小事，只要答应了，就要及时做到，做不到、做不好的事，就不要轻易答应下来。实现对每件小事的承诺，别人才会相信你。

　　"信不足焉，有不信焉"，这句话道出了诚信的力量。当今社会是讲究诚信的，诚信被视为最重要的职场敲门砖。字字铿锵有力、信守一诺千金的人代表着一种精神境界、一种价值取向、一种人生态度，只有具备这些特征，我们才会值得别人的依赖与信任。

古人常说"一言九鼎""一诺千金""金口玉言""一言既出，驷马难追"，这些无一不是在说明守信用的重要性。所以，当我们说话算话，把守信这个品质放在心中时，我们的人生将更加"有分量"、更加有意义。

1.不要随意承诺

想要做到"一言既出，驷马难追"，那么，没有把握的话就不要随便说出口。即使有把握的话，在不适当的场合下也不要说。特别要注意，不能轻易许下诺言，也许你认为这只是玩笑，但说者无意听者有心，如果到时候你没有实现这些诺言，朋友势必会对你感到失望。

2.特殊情况，请诚恳寻求对方谅解

一旦许下诺言，一定要努力实现，即使付出一定的代价。如果确实是非人力所能为的，就一定要放下面子，及时诚恳地向对方说明实际情况，请求对方谅解。你如果真的做到了这一点，相信绝大多数的人是会谅解的。

3.真诚的话语更能深入人心

与人交往要做到真诚，内心不真诚，巧言令色，终会留下破绽，对方一旦看出，怎么还会信任你呢？相反，当你真诚地向对方表明态度或者征求对方意见时，即使你拙于辞令，羞赧于表达，别人也能体会到你的真实感情，进而给予你支持。

　　一段长久的人际关系往往需要有所维系，而其最根本的维系要素就是诚信，人们推崇的是许下诺言并勇于兑现诺言的守信作风。与人交往，并不是能说会道就可以的，重要的是在人际圈子里建立一个"诚信可靠"的形象，这样才会有人相信你。

第 08 章

与考官聊，掌握窍门巧获认可

我们在进入职场前，难免都要面试，而面试并不是容貌和仪表上的评审和考试，而是一场语言的较量和竞争。在面试的过程中，一个人的容貌可能会较别人稍逊一筹，但是漂亮的语言照样可以为自己加分，轻轻松松就能俘获评委的心，从而转败为胜。

自我介绍时详略得当，完美表达

在面试过程中，很多应聘者都要进行自我介绍，展示自己的能力和水平，从而才能得到面试官的认可和接纳。有些应聘者对于自我介绍漫不经心，草草敷衍几句就结束，有的应聘者对于自我介绍非常重视，但是虽然说了很多，却一句话都没有说到点子上。还有的应聘者言简意赅地介绍自己，条理清晰，重点突出，给考官留下了深刻而又清晰的印象，最终面试成功，也得到了梦寐以求的工作。可想而知，在诸多面试者中，考官一定更加青睐表现突出的应聘者，所以把握自我介绍的机会表现自己是非常重要的。

心理学上，有一个"首因效应"，大意就是说人们对于给自己留下良好第一印象的人，很容易产生好感。因此，应聘者在面试之初进行自我介绍时，如果能抓住机会给考官留下好印象，那么后续的面试工作就能进展顺利，也更有可能得到心仪已久的工作。很多应聘者都对面试感到很紧张，甚至结结巴巴，连一句完整的话都说不出来。其实，只要掌握面试的小技巧，应聘者就能完美表达自我，也能够争取在面试中得到好结果。

有一次，一家大型企业在人才交流市场上招聘人才。他们很需要一位懂得网络运营的工程师，从而指挥公司的相关部门开展网络营销。经过两天的努力，招聘负责人终于接收到了一份符合公司要求的简历，因而马上打电话通知简历的主人——一位博士来应聘。

在真正见到博士本人之前，负责人对博士充满期待，心想这次终于能招聘到合格的人才了。然而，真正见到博士，负责人未免有些失望，觉得博士其貌不扬。不过，负责人安慰自己："没关系，人不可貌相，海水不可斗量，也许博士其貌不扬，但是却才高八斗呢！"就这样，负责人正式开始对博士进行面试。负责人先是让博士进行自我介绍，博士却吞吞吐吐，紧张得无以复加。后来，好不容易挨过自我介绍阶段，负责人又询问了博士几个问题，博士全都磕磕巴巴，无法表达出来。后来，虽然博士在笔试和技术测试阶段都表现很好，但是负责人却不得不忍痛割爱，最终选择了一位硕士学历但是却很善于沟通的网络技术工程师。负责人说："虽然博士是我们急需的人才，但是他就像是茶壶里煮饺子，空有满腹才学，却倒不出来，根本无法有效与其他部门沟通合作。硕士虽然学历上稍微低一些，但是硕士很善于沟通，有几分才学都能充分发挥出来，也能够与其他部门良好沟通，精诚合作。"

从负责人的话不难看出，企业招聘一则注重人才的学历和能力，二则也非常注重人才的表达能力、沟通能力，以及与人相处的能力。毕竟现代企业中，没有任何部门能够独立运作，每个部门都需要和其他部门团结合作，所以作为真正的企业人才，必须要全面发展，而且能够像螺丝钉一样扎入企业这个大机器之中。

要想让面试完美，就必须注意很多细节。首先，面试时说话要声音洪

亮，吐字清晰，这样才能展示应聘者自信的风貌，也给考官留下良好的印象。其次，说话时一定提前组织好语言，对于暂时不知道怎么回答的问题，不要慌张，而要冷静思考，从而捋清思路，组织好语言，把每句话都说到点子上。毕竟说出去的话如同泼出去的水，一旦说错了，就很难挽回，所以要谨言慎行。如果应聘者说话总是颠三倒四，根本不知道要如何说，那么考官难免会觉得应聘者做事也是漫无头绪，且拖泥带水。最后，要想给考官留下独特的深刻印象，还应该多多利用创新思维，说出独树一帜的话，做出独树一帜的事，从而让考官对你的表现感到耳目一新。尤其是现在的企业很少搞一言堂，经常广泛征集意见，在这种情况下，如果被考官提问新创意新见解，或者被要求发表对某些事情的看法，那么你一定要抓住机会，展示自己。

总而言之，面试是一件影响重大的事情，但是在面试过程中也无需过于紧张。只要在面试过程中保持冷静理智，说话清晰有条理，那么应聘者就很容易脱颖而出，给考官留下深刻的印象，而且也能使面试取得好的结果。

巧妙表达，让考官愿意主动与你聊

绝大多数应聘者，在面试的时候都是第一次见到考官，因而与考官打交道的情况很类似于与陌生人打交道。唯一不同的在于，我们与陌生人的交往常常是漫无目的的，但是与考官打交道却带着明确的目标，那就是要与考官融洽交流，赢得自己心仪的工作机会。

在这里，三寸不烂之舌就派上了大用场，但是古人云，言多必失，祸从口出，所以我们也不能一味地为了说话而说话，毕竟如果话说不到点子上，后果还是很严重的，很有可能导致事与愿违。为此，我们在面试过程中既要谨言慎行，保证自己不会说错话，又要与考官相谈甚欢，在轻松愉悦的氛围中完成对彼此的了解。唯有如此，面试成功的几率才会更大。

众所周知，对于初次见面的陌生人，要想愉快交谈，迅速亲近，拉近彼此的距离是关键。当然，这里所指的距离不是指物理距离，而是心理上的距离，因而也就不能靠移动身体来与考官亲近，而是要通过巧妙灵活地运用语言，才能与考官变得亲近起来。

通常情况下，很多考官都是人力资源部的负责人，因而经常要负责招聘、面试工作。尤其是对于一些人员流动性比较大的销售行业，考官更是隔三差五就招聘、面试，甚至还有天天面试的。可想而知，考官对于面试工作很有可能已经心生厌烦，此时如果让他再面对着一个紧张得不知所措、说话也结结巴巴的应聘者，他怎么会有好心情呢！所以作为应聘者，假如我们能够把握考官心理，把话说到考官心里去，使考官与我们的交流变得更轻松随意，更和谐愉快，那么我们的面试就很有可能成功。

大多数人面对陌生人都有陌生感和隔阂感，面试开始时，假如应聘者因为紧张而保持沉默，只是被动地等待着考官打破僵局，那么面试过程中一定会出现使人尴尬的冷场，因为考官未必那么有兴致与你攀谈。其实，不管是在面试前还是在面试中，亦或者是在面试后，主动与考官攀谈的面试者，都会给考官留下热情主动的好印象。

　　此外，要想与一个人迅速拉近距离，投其所好也是关键。尽管很多应聘者都是在面试时才与考官初次见面，但是人是感情动物，当我们表现得足够真诚，那么相信考官也会更轻松真实。这个时候，敏锐的观察力就派上了用场，我们只要察言观色，很容易就能初步了解考官的喜好和偏爱。例如看到考官对某个话题表现出明显的兴趣，我们就可以多和考官说这个话题，从而让考官心情愉悦。一般情况下，面对考官只要不说禁忌话题，考官不会不高兴，或者对你心生嫌恶的。

　　很多应聘者因为紧张，与考官交流的时候语气非常僵硬，就像是在背书一样，不得不说，这样的表达方式很难给人留下好印象。其实，为了缓解紧张的情绪，应聘者在面试之前，可以先和身边的人简单练习面试的过程，这样就能有效缓解紧张，也避免与考官说话时过于僵硬，导致考官心生不悦。另外，虽然面试是一件严肃的事情，但是也无需完全使用书面语言。如果能在恰当的时候以灵活生动的口语和考官交流，相信也能够拉近你与考官之间的距离。总而言之，不要让紧张和僵硬成为横亘在我们和考官之间的一堵墙。只要我们发自内心想要打破这一切的阻碍，我们与考官的交流就会更加顺利。

　　除此之外，轻松的话题也能帮助我们与考官迅速熟悉起来。这里，我们必须重申前文的观点，即所谓的双向选择，也就意味着面试过程中的双向交流，所以不要觉得面试的过程必须由考官主宰，我们也可以主动与考官展开攀谈，从而引导考官与我们谈论轻松愉悦的话题。这样不但能够拉近我们与考官之间的距离，也可以有效地缓解我们自身的紧张情绪，从而使得我们与考官的交流更轻松随意，我们也显得从容不迫。

需要注意的是，不管我们采取何种方式与考官拉近距离，都不要急功近利，更不要刻意讨好考官，或者过分与考官套近乎。否则，一旦被见多识广、阅人无数的考官识破你的心意，考官对你的印象就会大打折扣，你也就会得不偿失、事与愿违了。

消除紧张，面对考官不必畏惧

作为一个现代人，总是承担着生活的沉重压力，也同时承担着工作的巨大压力，如此一来，现代人要是想要赢得美好的人生，就必须让自己具备洪荒之力，才能从容应对生活和工作。总而言之，我们必须成为巨人，成为强者，充满力量，才能最大限度地发挥自己的潜力，让自己成为人生赢家。

一个人从呱呱坠地到读书，再到离开大学校园走入社会，面试无疑是获得理想工作的一道坎。很多大学生毕业找工作之际最发愁的就是不停地面试，因为他们既没有良好的心理素质，也没有幽默的能力，能够逗笑考官。其实，考官并非像我们心中想象得那么可怕，考官也是人，也有七情六欲、喜怒哀乐。只要我们能够放宽心，保持内心的淡定从容，就可以轻松参加考试，也能够无所畏惧地面对考官，甚至还能以自己的幽默瞬间拉近与考官之间的距离，把考官逗得哈哈大笑呢！如此一来，面试自然能够顺利通过，也能够帮助我们开启职业生涯的大门。

作为中文系毕业的大学生，林丹对于自己的中文水平还是很有信心

的。因而，他没有像其他同学一样在找工作的时候把目光盯着那些小公司、小企业或者是报社以及图书公司下属的工作室，而是直接奔向自己的人生目标——报社记者。为此，他带着精心准备的简历走进了一家报社，问："您好，请问您需要优秀的编辑吗？"从这句话不难看出，林丹是把自己当成优秀的编辑进行自我推销了。他的语气满怀自信，让接待他的报社人力资源部主管不由得对他多看了两眼，但是这并不能改变主管给出的回答——"不需要"，听起来干脆利落，丝毫不拖泥带水，也因而显得没有任何回旋余地。

"那么，你们需要优秀的记者吗？记者岗位也可以的。"林丹依然满怀自信地问。

"也不需要。"主管的回答依然毫不迟疑。

"印刷工呢，我愿意从底层干起。"林丹坚持不懈，似乎非要找到属于自己的岗位。

"不。"主管的回答足以让一般人绝望，但是林丹依然锲而不舍。

接着，林丹从容不迫地从公文包里拿出一块印刷精美的广告牌，上面写着："满员，暂不招聘。"只见他笑眯眯地说："你们一定需要这个吧！"主管终于忍不住，被林丹逗得哈哈大笑，他一边笑一边说："我们需要你这样优秀的人才和你的好口才。"最终，主管把林丹安排到市场营销部，主要负责为报纸进行推广、销售和征订工作。

在这场林丹主导的面试中，尽管林丹孤身一人面对掌握着他生死大权的人力资源部主管，却丝毫没有感到紧张，即使被主管再三拒绝，也没有因此垂头丧气，而是坚韧不拔地提出自己的主张和观点，最终让主管在他积极乐观的精神之下，忍俊不禁，欢乐开怀，也因此给予了林丹与他的口才完全匹配的职位——销售部的营销专员。尽管这与林丹成为一名优秀记者的人生目标还有一段距离，但是只要走进报社的大门，林丹总算是离自己的梦想又近了一步。

在面试的过程中，我们要想拥有出色的表现，一定要保持心情的轻松愉悦，这样才能最大限度地发挥自身的潜能，帮助自己找到最佳的位置。通常情况下，考官已经看厌倦了那些心情紧张、说话磕磕巴巴的应聘人员，因而总是情不自禁地欣赏和青睐那些信心十足的应聘者。这也是为什么幽默风趣、充满自信的面试者成功率更高的原因。当然，幽默的能力并非与生俱来的，我们必须积累丰富的知识，锻炼自己随机应变的能力，才能让幽默成为我们的独特专长，也成为我们征服主考官的绝密武器。

不卑不亢，面试就是一场讨价还价的心理较量

中国人的思想历来很传统，因而即使时代发展至今，也依然有很多人都羞于开口谈钱，似乎任何事情一旦与钱沾染上关系，就会变得非常庸俗。尤其是在面试的过程中，尽管大多数面试者都想要明确知道日后的薪资待遇，但是却根本不好意思直接问薪资水平，一则是担心主考官误解他们只顾着挣钱，鼠目寸光，二则也是害怕钱会玷污他们的纯洁，让他们在主考官心目中变得面目可憎。如此纠结被动，最终没有开口问薪资的他们虽然费了很大的力气才进入公司工作，最终却发现薪水低得超乎他们的想

象，而他们却因为羞涩错过了最佳的双向选择的机会，只能一切重头再来，辞职之后再次重复找工作、面试的过程。

众所周知，钱不是万能的，但是没有钱却是万万不能的。每个人只要活着，就离不开金钱的支撑，每个人每天每时都要与钱打交道，尽管心底里羞于谈钱，却已经被金钱绑架，进入没有钱寸步难行的人生。在这种情况下，我们面试时与其因为羞于谈钱导致后续麻烦不断，不如问清楚薪资问题，在应聘时进行双向选择，如此才能谋求长远发展。很多时候，为了给自己争取到更高水平的薪资，我们还需要与相关负责人进行一场讨价还价，如此才能不断争取，提高薪资水平，让薪资尽量达到自己的要求。在此过程中，也许考官非但不会对你的口才感到厌烦，反而由此见识到你的好口才，因而对你刮目相看。当然，这么做是需要预先锻炼的，也要把握好适度的分寸，否则一旦给考官留下唯利是图的印象，后续工作就会很难进行。

要想既问了薪酬，又为自己争取到合理薪酬，还在相关责任人面前表现出自己的实力，显然需要更多的历练和经验的积累。古人讲究天时地利人和，其实作为应聘者在询问薪酬这个敏感问题时，也同样应该掌握好时间和时机，还要采取合适的方式，这样才能一举数得，既满足了自身，也不会给面试官留下恶劣印象。为了保全自身，一些聪明的应聘者会在递交资料的时候询问薪酬，一则此时负责收集资料的人正在专心工作，也许会在无意之间吐露真相，二则收集资料的人必然是面向很多人的，即使对这个问题介怀也无法从众人之中准确记住你的模样和名字，由此一来，不管结果如何你都不会给自己招来麻烦。不过在正式面试的情况下，有的时候主考官反而会主动提出问题，以了解应聘者对于某个岗位的期望月薪，倘若应聘者很想得到这个工作岗位，则回答类似问题一定要用心。说得过低，会导致将来在工作中的付出和收获不成正比，说得太高，则会导致主考官被吓到，甚至觉得应聘者狮子大开口，自以为是等，从而对应聘者留下不良印象。最好的办法是预先做好功课，在面试之前先了解行业内其他公司对于类似职位的起薪标准，如此一来，才能避免说得太高或者太低的情况发生。当然，没有人会嫌弃钱多，我们与面试官针对薪资问题交流的过程中，也可以尽量为自己争取高薪，这一切都取决于我们与面试官的讨论情况。往往薪资都是有一定范围的，我们完全可以努力争取到合理范围内的最高薪资，这一点无可厚非。总而言之，作为应聘者，了解岗位工作的内容以及薪资回报，是完全正当的权益，根本没有必要觉得不好意思，或者感到羞愧。

　　作为一名中文编辑，小小来到这家小记者报社参加面试，对于薪资问题与主编展开了讨价还价。显而易见，报社的规模现在还很小，而且孩子为主要受众。为此，编辑们除了需要周一到周五正常工作之外，周六或者周日还需要加班一天，为报社的小记者会员们开展活动。面试过程中，主编问小小："你在以前的图书公司，薪资水平大概是怎样的？"小小笑着说："之前我一直在北京工作和生活，薪酬自然是比南京整体都要高一些的，每个月除了各种扣费之外，大概一万元钱，不过也要看绩效。"主编略微沉吟，说："南京肯定没有那么高，你现在的期望月薪是多少？"小小反问："我初来乍到，通常编辑的工资是多少呢？"主编笑了，说："四五千的样子。"小小为难地说："我也要养家糊口，四五千的确太少

了，如果能够保障至少六千，我还能维持正常的开销。"就这样，小小经过和主编的一番讨价还价，最终把薪资定在六千五的水平，小小很满意，主编也等着看小小的出色表现呢！

对于经验丰富的职场人士而言，他们从不认为面试官报出的价格就一定是最终价格，而是能够灵活自如地与面试官讨价还价，从而帮助自身争取到更多的权利和利益。归根结底，天下没有免费的午餐，每个人活着都需要不停地消费，也要创造价值，因而倘若觉得自己有所担当，也能够担当，还是要为自己争取利益。

从本质上来说，面试的过程也就是拉锯战的过程，虽然看似用人单位占据优势，但是作为劣势一方的应聘者也同样有讨价还价的权利，当然前提是你的才学和能力得到用人单位的认可和赏识。由此可见，要想在就薪资问题讨价还价时有更多的资本，我们就要努力提升和完善自己。

信心十足，说话时展现强大气场

在职场上，每天都有无数的年轻人为了追逐自己的梦想，不止一次地往返于各种面试之间，只为了帮助自己赢得更好的工作机会和更加开阔的舞台，从而也为自己的人生获得成功创造更多的便利条件。毋庸置疑，每一个年轻人都怀揣着梦想，他们愿意付出青春和努力，燃烧自己的热血，也恨不得能够一步登天，获得一蹴而就的成功。遗憾的是，尽管他们充满希望，也对自己有着无限憧憬，却根本没有成功必备的信念和信心，也缺少破釜沉舟的勇气。因此，他们总是无法实现自己的目标，更不可能飞速进步。因为慵懒和松散，因为缺乏底气和信心，很多年轻人的梦想都停留在空虚的阶段，无法变成现实。由此可见，我们要想突破人生的瓶颈，就应该坚信自己终有一天能够成功，而且要帮助自己获得成功创造条件，储备能量。细心的年轻人会发现，纵观古今中外，那些伟大的人之所以能够获得成功，就是因为他们有着强烈的信心，也坚信自己终有一日必然能够获得成功。

在准备进入销售行业时，吉拉德曾经因为遭受到无数次拒绝而对自己信心全无。他万分沮丧，垂头丧气，甚至无法鼓起勇气再次接受拒绝和失败，但是他的妻子却说："亲爱的，我们在一起的时候你就一无所有，但是凭借你的努力我们很快就拥有了一切。现在即使情况再糟糕，也不会比当初更加糟糕。我相信你一定能够重振旗鼓，渡过难关，你也要相信自己。"在妻子的安慰和鼓励之下，吉拉德突然领悟到一个道理："一个人唯有充满自信，才能战胜一切，而且这信心完全可以从最亲最爱的人那里得到。"为此，吉拉德不停地鼓励自己，让自己满怀信心地面对他人的无情拒绝。最终，他来到了底特律的一家汽车经销商门店，想要得到销售工作。

刚开始时，销售部主管根本不愿意给吉拉德机会，他不以为然地看着吉拉德，说："你销售过汽车吗？"吉拉德摇摇头，老老实实回答："没有。"销售主管更加不屑一顾："那么你有何资本，觉得自己一定能够销售汽车呢？"吉拉德说："我从事过很多产品的销售工作，比如说日常用品、房屋、食品等。我相信不同产品的销售之道都是互通的，顾客相信

我，是因为他们认可我。即使我卖的是汽车，我也完全有理由相信人们依然会认可我，相信我。实际上销售行业推销的不是形形色色的产品，而是人。"

听了这番话，销售主管感受到了吉拉德的信心，因而笑着说："现在正值淡季，我虽然很认可你，但是恐怕其他销售员不愿意我招聘更多的人来分得他们的一杯羹。而且，带暖气的房间已经人满了，我估计你很难坚持下来。"吉拉德毫不迟疑地说："先生，您一定要相信选择我是您一生之中做出的最正确的决定。我不需要带暖气的房间，我也不会从店面里与其他销售员抢生意。您只要为我提供一张办公桌和一部电话，我只要两个月时间就能证明自己。"就这样，吉拉德在寒冷的大厅里，以一张办公桌和一部电话开始了自己销售汽车的生涯。事实证明，他没有辜负自己的强大气场，更没有食言，他的确在两个月时间里证明了自己的销售能力。

在这个事例中，其实销售部经理根本不想聘用吉拉德，但是吉拉德并没有被任何事情吓退，而是始终保持强大的气场，最终才能为自己赢得机会，开始在最卑微的角落里创造销售汽车的奇迹。不得不说，销售经理正是被吉拉德的底气所震撼，也被他的自信所感染，否则也许吉拉德就会再次与销售工作失之交臂。

在很多销售行业，面试官面试时都会故意刁难应聘者，以考验他们的抗压和抗挫折能力。这个时候，假如我们表现怯懦，不停地退缩，也许就会使面试失败。只有真正的强者，不但内心强大，而且气场强大，更要表现出充分的自信，才能最终赢得面试官的青睐，得到来之不易的工作机会。

第 09 章

与领导聊，推功揽过获器重

身处职场，我们难免要与领导打交道，而这就需要我们掌握与领导沟通的技巧，懂得揣摩领导的心思，随时为领导鞍前马后，维护其面子，表达忠心，说"顺耳"的忠言，而如果你也能深谙与领导聊天的艺术，你自然能获得领导的接纳和支持，进而在职场一路畅通！

推功揽过，让领导对你信任有加

很多时候，我们总会听到这样的声音：为什么我这么优秀，却得不到领导的器重呢？俗话说"千里马需要伯乐"，在工作中，每个人都希望自己的领导能够成为自己的伯乐，成为自己职场上贵人。实际上，千里马与伯乐的关系是相对的，千里马需要伯乐，伯乐更需要千里马。而在工作中，领导与下属之间的关系实际上是一种利益双赢的关系。

换句话说，你要想领导成为你职场上的贵人，那么首先，你就要成为领导的贵人，通过你的能力和贡献为领导谋取利益。在这样的基础之上，领导才会意识到你的重要性而成为你的贵人，并且为你的职场发展铺平道路。所以，作为下属，要学会推功揽过，这样领导也会倍感欣慰的。

小华在一家刚成立的咨询公司做大客户营销，他是个刚刚踏出校门的小伙子，有一种"初生牛犊不怕虎"的劲头。来到公司上班仅仅三个月，就成为了上司的得力助手，成为了领导最器重的员工。小华在职场上的成功并不仅仅是靠自己的能力，更重要的是他懂得如何与领导相处。

有一次，他到老板那里送工作报告，他灵机一动同时署上了领导和自己的名字。这样一来，小华辛辛苦苦做成的客户，就变成了领导的业绩。

当领导拿着这份报告的时候，不解地问："为什么要署上我的名字呢？"小华谦虚地说："我能做出这样好的成绩，当然是在领导的指导下完成的，您就相当于我的指导老师，按理说，您的功劳算最大的，我当然需要署上您的名字了。"领导听了，欣慰地笑了。后来，自己的直管领导就凭着骄人的工作业绩被提升为了客户总监，小华听公司的同事说，在小华进公司前，领导的业绩平平，而当自己进来以后，业绩突飞猛进。因此，领导被提升为客户总监时，也没有忘记小华，小华马上从一位普通的员工上升为营销经理。

小华发现只要把自己的功劳归功于领导，既能为领导谋取利益，也能使自己在职场中平步青云，这又何乐而不为呢？

其实，以你领导的名义报告给上级领导，自然更能引起上级领导的关注和重视。当你有了一些好的建议或者想法时，你就可以借助于领导的渠道报告上去，既为领导赢得了荣誉，也证明了自己的价值。而当领导因为你的功劳而飞黄腾达的时候，他也会牢记你的功劳，帮助你提升职位，并把你作为他的得力干将，以便你以后还能有这样的机会助他一臂之力。

此外，作为下属不仅需要将功劳尽量推让给领导，还需要包揽一些过错。比如，在工作中，领导有可能因为估计不准，下达了一些不太恰当的指令，造成下属在实际操作中的错误。按理来说，这样的过错责任主要在于领导，但聪明的下属则会主动承担所有的过失，将过错全部揽到自己身上。这样的行为会让领导心生感激，虽然领导嘴里会说"这件事我也有责任"，但他内心还是希望有贴心的下属来为自己分担忧愁，如果你做到了为领导推功揽过，那距离升职加薪的日期就不远了。

当你完成了一件工作时，一般需要拟写一个工作报告并上交给上级领导。其实，在拟写工作报告的过程中，你就可以巧妙地把自己的功劳归功于领导。你不妨把领导和你的名字一起署在上面，当然，这里也要讲究技巧，那就是把领导的名字写在前面而自己的名字紧跟其后。这样照顾了其面子，给领导的感觉就是自己的功劳。这样一来可以使领导因为霸功而对你产生一种愧疚感，无形之中就提高了自己在领导心中的地位。二来可以借助领导的交际范围，赢得一些接触公司高层的机会，并且利用和公司高层直接对话的机会多提些对公司发展有价值的建议，从而为自己的发展创造机遇。

作为一位领导，每天所面临的工作很纷繁复杂，比如一些比较棘手的项目、繁杂的工作报告。那么，在这关键时刻，你不妨主动提出为领导分担一部分工作，在你工作之余，给他拟写一个可行性的项目报告，及时送进他办公室。那些对于领导来说很头疼的工作任务，你就主动请缨，并且力争圆满完成，让领导坐享荣誉。

适时进谏，让领导轻松接受你的建议

作为下属，需要适时向领导进谏，向领导提出某些建议或看法，但实际上进谏也是需要讲究技巧的。许多下属都遇到过这样的情况，当自己向领导进谏的时候，建议却不能够得到领导的采纳，自己甚至还有可能被领导冷落。其实，造成这样的情况并不是因为你所提出的建议和想法不具备可行性，也不是领导很平庸无能，而是你向领导进谏的方式不对，很多时候你直接地向领导提出一些意见，会让他难以接受。毕竟领导位居权威，他的威信不允许他轻易受任何人的摆布和差遣。当你直截了当地提出意见时，反而会让他感觉到一种不被尊重的感觉。因此，当你需要向领导提出自己的想法时，不妨灵活地采用各种技巧，把想法委婉含蓄地表达出来，让领导轻松接受自己的建议。

下属可以采取顺势引导的办法，比如，当你发现你的领导在管理上还持有旧思想，也不重视选拔、培养人才，什么事情都亲力亲为，使公司运转效率下降。那你不妨鼓动领导参加MBA学习，接受国内外的先进管理制度，一起讨论公司现在运转中遇到的问题。到时候，就会使领导改变自己的管理模式，促进工作的有效开展。

领导并不是十全十美的人，他们在一些能力、认知方面也会有一些偏差，所以他们在工作中也会出现一些失当的决定。而你作为一个下属，就应该去发现这些问题，进而有效地解决问题。当然，当你为领导指出一些问题时，是需要讲究一定的方法和技巧的，寻找一个合适的机会委婉地提出来。这样廉明的领导才会欣赏你的决策，进而对你信任有加。

学会给老板出谋划策，有助于自己的发展

小邓是某公司的职员。由于他工作表现好，所以多次得到领导的表扬。再加上他很会来事儿，所以时间一长，渐渐地成了老板的得力助手，

公司中的一些不太重要的事，都是他全权负责。一天，老板把小邓叫来说："小邓啊，这几天我忙着要出差，公司这边的事你多担当点吧。"小邓一听就明白，老板要给予他更多的实权让他来管理公司，他可能就快成为公司的副总了。想到这里，小邓不由得偷偷地乐了起来。

刚好老板在出差之前还要去周边的县城里进行一个商务谈判，小邓考虑到此次过去的人比较多，如果坐公交车，不但受累，而且休息不好会影响谈判的效果。打的去吧，一辆坐不下，两辆费用又太高，想来想去，觉得最好还是包一辆车去比较经济实惠。但是，他深知职场规则，于是来到了办公室里，向老板说出了自己的想法。结束时他说，鉴于这种情况的利弊，他决定包一辆车。说完后，小邓发现老板的脸色不对，他没有好气地说："是吗，我怎么觉得不好啊，我们还是买长途汽车票去吧！"小邓顿时傻眼了，按理来说，他决定的这个方案是最好的，是人都能看出来，可是老板偏偏却没有采纳。

小邓做事向领导请示的做法是对的，可是，他却代替领导作了决定，从而让领导感觉像木偶一样被支配，所以领导会不高兴。尽管知道这个方案是最优的，但是最终还是否决了。如果小邓换一种说话方式，比如说："有三个方案可行，但我觉得包车比较可行，我作不了决定，您经验多，您作个决定好吗？"相信老板听了他说的话，绝对会同意他的方案的。

在公司里做事情，对上司要尊重，要学会把工作做到上司的吩咐之前。尤其是向老板献计献策的时候，更要谦虚。不要表现得比老板聪明，因为没有哪个老板愿意比自己的员工更愚笨。学会给老板出谋划策，有助于自己的发展，但是还要学会把这份功劳归到老板的头上，让老板觉得主意是自己想出来的。在给上司出谋划策的时候，要注意哪些问题呢？

1.把决定权留给上司

永远不要忘记了自己的身份，你没有最终的决定权，你的上司才有，不管你多么有才华，你的建议和意见多么有意义、有见地，能给公司带来多少的利润，如果上司不同意、不采纳，都没有任何的意义和作用。所以，一定要把最终的决定权交给上司，让上司来决定最终采纳还是不采纳。千万不可自作主张，替上司作决定，这样无疑把上司当作摆设，衬托出上司的无能和木讷。有哪个上司愿意承认自己是个无能的人呢？所以，在照顾自己心思的同时，也要考虑上司的感受。

2.不要和上司发生争辩

即使你的建议再好，但是如果上司不采纳，也就没有了实际的意义。有些人在建议不被采纳的时候，就会忘记自己的身份，去质问上司为什么不采纳。作为上司考虑得毕竟全面一些，采纳自有采纳的道理，不采纳自然有不采纳的原因。作为你的上司，没有必要什么事情都向你解释，这也不是你所能了解的。更何况，作为下级，去质问你的上司，这样不但于事无补，反而会触怒上司，给自己带来不必要的麻烦。或许上司不采纳只是觉得面子上过不去，或者是故意卖个关子，所以，无论什么情况，都不要和上司发生争执。

3.态度谦虚

作为下级，给你的上司出主意，一定要学会态度谦虚，把你的建议和意见告诉上司，而且还要让上司觉得是他想出来的，是他的主意，让上司

觉得他比你聪明,上司心里舒服了,你的建议自然就被采用了,同时也让上司觉得他有这个资格管理你、领导你。

如何与老板谈论加薪问题

刘娜已经在公司工作了三个年头了,可是工资始终没有涨,这让她的工作热情锐减了不少。可是她又不想离开这家公司,毕竟她在这个岗位上工作了三年,对公司已经有了感情,离开还真有些舍不得。

为此,刘娜一度陷入了苦恼之中,后来,她有一个好朋友,给她出了个主意。这天早上,刘娜敲开了总经理的办公室,将事先写好的加薪申请递交了上去。总经理并没有像刘娜担心得那样生气,或者是不情愿,而是热情地和刘娜交流了一次。在谈话中,总经理充分肯定了刘娜这三年来付出的努力,刘娜悬着的心终于落下来了,总经理这么说,无疑是批准了刘娜的申请。

刘娜的工资一下子涨了500块,这对她来说是个不小的激励,刘娜又以饱满的热情投入到了工作中去。而且从那之后,她每隔一年都会提交一次加薪申请,随着她为公司做出的贡献不断加大,她的薪水也在不断地上升之中。

对于涨工资,很多人都不好意思说,觉得难以启齿,害怕老板不同意,会丢掉工作,所以都默默忍受着低薪或者有的人用辞职来提醒老板,可是你都想辞职了,加薪已经没有意义了,老板常常会这样想,所以往往会失败，丢掉了工作。事实上，如果你确实为公司作出了大的贡献，完全可以理直气壮地要求老板加薪。因为你的要求很合理，所以老板一般都不会拒绝。如果你觉得自己的报酬与所作出的贡献不相匹配的时候，要放心大胆地提出"加薪"的要求。那么，到底如何合理地提出"加薪"的要求呢？

1.说明加薪的理由时要坦诚一些

有些员工不好意思跟老板提加薪的要求，即使勉强提了，也要找各种各样的理由，比如说有公司给你给了更高的待遇，或者是同事的能力比你弱，工资比你高等。这样会让老板觉得你是在要挟他，事实上谁也不愿意被人要挟。即使老板明白了你的意思，但是因为你说话的方式不妥当，也会拒绝你的要求，甚至会开除你。所以，在向老板提出加薪要求的时候，态度要坦诚一些，要把自己的真实想法大胆地说出来。这样双方相互坦诚，交流起来就不会存在问题，老板也不会感觉到你在要挟，自然也会为你着想，所以，要求加薪的时候，态度一定要坦诚一些。

2.多强调你的职责和作出的贡献

在要求上司为你加薪的时候，一定要多强调你的职责和你为公司所作出的贡献，让老板觉得你的要求是合情合理的，这样加薪的要求才能最大限度地得到满足。如果你没有为公司创造相应的利润，作出相应的贡献，老板是不可能为你加薪的。同样，如果你所在的岗位可有可无，或者对于公司的正常运营没有多大的影响，那么通常你的加薪要求也不可能得到老板的同意和认可，即使老板不雇用你，一样可以雇用别人。所以，你在要求加薪的时候，一定要明白自己的价值和所处的位置，如果对于公司的发

展来说，举足轻重，那么完全可以理直气壮地提出你的要求。

3.提出要求的时候要果断和自信

作为员工，向老板提出加薪要求的时候，要表现得果断和自信。如果犹犹豫豫想说又不想说，那么通常即使提出来了，也很快会被老板驳回；也不要抱着恳求施舍的念头去乞求老板。你作出了大的贡献，得到相应的回报是应当的，所以，当你向老板提出加薪的要求时，一般情况下，老板都会有所考虑。但是一定要自信，因为老板也想拿尽可能少的钱去雇用员工，会尽量说服你放弃申请，所以一定要坚定你的信心，不要轻易被老板说服，否则以后再也不可能加薪了。所以，在提出要求的时候要果断，要自信，要让老板知道你要求加薪的决心和信心，这样才能让老板感觉到压力，加薪也是很自然的事情了。

深谙领导心思，说话应情应景

心理学家曾经做过这样一个心理学实验：分别让两个刚毕业的大学生去给领导做秘书。第一个大学生跟着领导去参加客户的欢迎会，期间领导使眼色让他恭维客户，给客户敬酒，结果大学生说："我刚毕业，对应酬上的事情懂得不多。"客户哈哈大笑了起来，领导的脸色非常难看。同样，也是让第二个大学生去跟随领导会见客户，他接到领导的指示之后，说："您的大名，我们如雷贯耳，今天能够得以相见，真是三生有幸。来，我代表我们公司敬您。"客户谦虚地笑了，领导也非常高兴。

同样是跟随领导应酬客户，两个人的表现不同，客户的反应也大相径庭，自然，两人在职场上的路也不一样。心理学家分析了这种现象：人的所思所想并不是完全不能预知的，在眼神、表情以及一些小动作上是可以暴露出来的。人都喜欢能读懂自己心思的人，觉得他们聪明，在合适的场合下能把自己的想法说出来。在职场上，领导更喜欢能察言观色，一点就通的聪明人，他们更能得到领导的青睐和重用。基于人们的这种心理，职场新人要学会察言观色，在合适的场合下说合适的话。

这天，一个大客户找到了公司，要求经理作出答复。原来不知是谁之前在经办业务的时候以次充好，发出去的货大多数都有质量问题。负责这件事的销售员已经离开了公司，尽管经理在赔不是，但是看起来客户并不买这个账，这着实让经理非常为难。

恢宏恰巧找经理有事，来到了办公室，经理赶紧使了个眼色，恢宏对客户说："实在对不起，你的货是我发的，在发货的时候疏忽了。"

客户厉声斥责了恢宏，恢宏除了一个劲地赔礼道歉之外，并没有做过多的狡辩。最后客户的情绪慢慢地稳定了下来，恢宏趁机说道："您看这样吧，我给您重新发货，途中的所有费用都由我来承担。"客户没说什么，表示默许。客户离开后，经理拍着恢宏的肩膀说："小伙子，好好努力吧，我很器重你。"

一个月之后，恢宏当上了销售主管。

恢宏突然出现在办公室，见经理在使眼色，很快便明白了是怎么回事，于是主动承当责任，把经理的围解了。研究表明：聪明人往往通过一个眼神和表情，在瞬间就能读懂别人的心思，这样的人往往很受欢迎。在

职场上，这样的员工更能懂领导的心思，更能把话说得恰到好处，因而更能得到领导的重用。

在职场中，这样的例子非常多。有个女孩平日里和领导的关系很好，有一次，一位非常重要的客户来公司和领导洽谈合作的事情。期间，经理示意她给客户倒水，女孩嘻嘻哈哈地说道："经理，你的眼睛怎么了啊？是不是昨晚没睡好啊？"经理僵硬地笑着说："没有，没有，挺好的。"没过多久，女孩就被下放到车间去做苦工了。女孩不能理解经理的意思，不但没有把事情做对，还在客户面前表现出对经理的极度关心，留下了很坏的印象。

那么，在职场上究竟怎样才能做到察言观色，说应景的话呢？

1.眼神要经常在领导身上转悠

一些在职场里如鱼得水的人和领导在一起的时候，目光始终在领导的身上转悠，这样才能及时地接收领导发出来的信息和要求。否则，领导再给你使眼色，你接收不了，更谈不上看领导的颜色行事了。当然，你也不能一直盯着领导看，这样会让领导感到非常地不舒服。

2.集中注意力听领导的话里之话

有时候，领导在使眼色的同时，说话的时候会有弦外之音。作为下属，要集中注意力听领导的话，弄明白领导的暗示究竟是什么意思。比如：领导和你去给客户接风，领导说很期待客户的到来。这时候作为下属，要及时接领导的话，给客户敬酒，表达渴望和期待之情。

3.要多去观察具体的场合

很多时候，领导的一个眼神会让你琢磨不透，究竟让自己干什么呢？

当然，如果你不去观察具体的场合，明白一个眼神的意思自然很难。这就需要下属在和领导相处时，多注意观察具体的场合，根据场合的需要来解读领导的暗示，这样会轻松得多。

研究表明：每个人都渴望别人能更多地懂自己的心思，往往觉得能读懂自己的人是有默契的，是知己，因而更喜欢和对方接触。而关系越亲密的人，眼神交流的次数也越多，有的人甚至不用言语交谈就知道对方想要表达什么。同样，在职场上，要经常跟领导进行眼神交流，及时读懂领导的所思所想，在适当的场合把合适的话说出来，赢得领导的喜欢和重用。

第 10 章

与下属聊，平易近人立威信

美国著名未来学家约翰·奈斯比特曾指出："未来竞争是管理的竞争,竞争的焦点在于每个社会组织内部成员之间及其外部组织的有效沟通上。"从某种程度上说，任何一个优秀的管理者，都应该锻炼自己的口才，要懂得春风化雨，用温暖得体的语言去感召被管理者，在"润物细无声"里达到管理的目的。而掌握了这种借助口才的管理艺术，会让你在管理活动中，进一步融洽与下属的人际关系。在这样和谐的工作环境中，员工的能动性就会被大大激发，工作热情和业绩都会相继提高，如此，一切按部就班，形成良性循环，相信这也是所有管理者梦寐以求的。

拒绝下属，及时安慰能降低负面效应

在日常工作中，最让领导头疼的是下属提出的一些要求，诸如加薪、升职、福利，等等。当尽心尽职的下属提出这样的要求时，作为领导者该怎么办呢？要么欣然答允，双方皆大欢喜，但你可能刚刚还在为公司正面临利润滑坡、预算紧缩而头疼，如果就这样答应了对方的请求，你又拿什么去兑现呢？在这种情况下，大多数都是拒绝其要求。

当然，没有哪位下属喜欢被拒绝，被拒绝意味着自己的意愿或行为遭到了否定，这对于任何一个人来说都是难以接受的。作为领导者，在拒绝下属的时候，不要急切、直接地表达出自己的立场与处境，而是需要掌握必要的沟通技巧，既不伤对方自尊心，又能婉转地拒绝他人，尽量降低拒绝产生的负面效应。

一个人在遭受拒绝的时候，他所希望得到的是一定的安慰与肯定，这样会让他觉得自己即使被拒绝了也没有什么。比如，领导者拒绝了下属的升职要求，应及时给予其肯定与安慰"小李，这次的名额就这么几个，我也已经给你想了办法，但你也知道，最近人事部变动大，其实，我很欣赏你的工作能力，过一个月我的员工培训计划，我会向上面推荐你的，你好好干吧，公司是不会亏待你的"，如此一说，下属的心里肯定很暖，之前被拒绝的失望情绪也会消失得无影无踪。

最近，单位里都在谈论分房子的事情，老王心中一动，自己上一次才把名额让了出去，这次可不能再让了，想想自己不能一大把年纪，为公司拼命了几十年，最后什么也没得到。怀揣着这样的想法，老王来到了经理的办公室，经理热情地打招呼："老王，来啦，请坐，快请坐！"说完，还亲自倒了一杯茶递给老王，如此的热情态度让老王有些受宠若惊。

老王喝口茶，润了润口，说道："经理啊，听说这次分房子的事情定下来了，我想问问有我的名额吗？您也知道，我这老骨头一把了，为公司工作这么多年，没有功劳也有苦劳啊，如此，转眼就要退休了，可我那一家子还挤在出租房里，如果你看见了都会不忍心的，我想争取一个名额，您看？"经理听了，似乎眼睛也湿润了，不过，他面有难色地说："老王，我知道你们家的情况，老实说，就今天早上我还跟领导说到了你的事情，而且，在过去几十年里，你为公司尽心尽职，可以说是我们公司最值得嘉奖的老员工了，不过，你也晓得，这次的分房计划主要是针对才到公司的新人，对老员工的考虑可能不是很周全，所以，名额不是很多，你的情况我很了解，考虑到你们家现在的处境，我们部门决定将这个月的奖金发给你，算是贴补贴补，至于分房子的事情，我已经把你的名字报上去了，下一次绝对会优先考虑到你的情况。"

老王听说有一笔奖金，虽然分房子暂时没希望了，但经理还在努力为自己争取，他也就笑笑，心里那种被拒绝的不快也消失了。

经理在拒绝老王提出的要求的时候，首先肯定了老王的成绩，赞扬了

老王这么多年为公司的付出。然后提到了分房子的具体情况，说到了自己的难处，确实是事出有因，并不是自己想要的结果。最后，在适当的时候，及时给予了安慰，既然你所提出的要求不能满足，那就先给一些物质补偿作为安慰。

那么，在现实工作中，作为领导者，该如何拒绝下属的请求呢？

1.委婉地拒绝

当我们开始说不的时候，态度必须是委婉而又坚定的，委婉地拒绝比直接说"不"更容易让人接受。比如，当下属提出的要求不合公司部门规定的时候，你可以委婉地告诉对方你的权限，自己真的是爱莫能助，如果耽误了工作，会对公司与自己产生冲击。

2.拒绝之前先倾听

下属向你提出要求的时候，他们心中通常也有些困扰或担忧，所以，你在拒绝之前应该先倾听。对方把需要与处境讲清楚一些，你也才知道自己该如何帮他，而且，倾听能让对方有被尊重的感觉，当你在婉转地拒绝时，也能避免伤害到对方。

3.表现出自己的关怀

有时候，你可以在拒绝时提出一些可替代性的建议，最好再隔一段时间主动关心对方的情况，比如，你可以问"上次你的那件事情办好了吗"，这样会让对方觉得虽然你没有给予帮助，但随时都在关心他的状况，他也会感激你的。

4.有耐心

在拒绝过程中，除了一些沟通技巧，还需要发自内心的耐性。如果你表现得很淡漠或者敷衍了事，对方会觉得你不是个诚恳的人，这样也会影响你的人际关系。

通常情况下，一个人在遭受他人拒绝的时候，会由于太高的期望与实际的失望形成心理上的落差，在那时候，他心中的失望情绪是难以言喻的。领导者作为一个高明的拒绝者，应该处理好拒绝后的善后工作，也就是针对其心里落差给予一定的肯定与安慰，降低拒绝带来的负面效应，减少其心里的失望情绪，使被拒绝者在遭受拒绝后依然能保持愉快的心情。

说话要展现自信、有分量

作为领导者，在职场上难免要经历各种各样的场合，可以说领导者经历的复杂场面比普通员工多得多。然而，不管在哪种场合，要想成为一名优秀的领导者，要想让自己说出去的话得到下属们的一致拥护和爱戴，就要在员工中树立自己的威信，使自己说出去的每句话都被当成权威对待。唯有如此，领导者才能在员工中树立自己的高大形象，也才能赢得下属的尊重和认可。

细心的人会发现，古今中外，任何伟大的人士之所以能够获得成功，就是因为他们说话具有权威性，因而得到了众人衷心的爱戴。任何情况下，多头管理都有很大的弊端，尤其是在一家企业内部，小到一个部门，大到整个企业，都必须有能够当家做主的领导者成为大家的主心骨，这样做起事情来才能效率倍增。

　　在中国历史上，唐代的贞观之治影响深远，这都是因为唐太宗李世民治国有方。曾经，李世民问诸位大臣："国君是否有威信，关系到国家兴亡；历史上无数朝代的灭亡，都是因为奸臣横行当道。"为此，有的大臣请求李世民铲除奸臣，李世民又问："那么，如何辨识哪些大臣是忠臣，哪些大臣是奸臣呢？"臣子向李世民进谏："为了证实臣子们的衷心，陛下在某次上朝的时候可以故意发怒，故意做出错误的决定，这样一来，刚直不阿的大臣一定会冒死进谏，据理力争，相反，那些奸臣则会毫无原则地逢迎陛下，哪怕心中明知道陛下的决定是错误的，也会为了保全自己放弃一切原则。"

　　听到臣子的回答，李世民沉思良久，才说："这么做虽然效果也许很好，但是做法并不妥当。其实，君主是大臣的表率，是朝廷风气的建立者和引领者。假如君主不能做到以身作则，对于臣子就没有威信，所谓上梁不正下梁歪，臣子们也一定会纷纷效仿君主。因而如果君主想要成为一代明君，必须树立自己的权威，才有资格指责臣子们做得不到位的地方。从今以后，我必须要求自己成为合格的君主，树立权威，才能身为表率，成为大家的榜样。"

　　在这个事例中，唐太宗虽然一心想要分清楚奸臣和忠臣，但是他依然很高尚，并不愿意用欺骗的手段对待臣子，而是从自身出发，反思自身，积极提升和完善自身，从而以绝对的诚意对待臣子，因而得到了诸多臣子的衷心拥护，最终开创贞观之治。

　　在现代社会的企业中，虽然老板的地位和真命天子相比还是差很远的，但是他们在企业内部却掌握着至高无上的权力。因而作为老板时时刻刻都应该高标准、严要求地对待自己，这样才能在下属之中树立威信，也得到下属的衷心拥戴。很多老板之所以创业失败，不但是因为缺乏天时地利，也是因为缺乏人和的因素。老板就是要恩威并施，既要给下属仁义，又要给下属威严，这样才能在企业内部建立良好的规章制度，成为一视同仁的老板。当然，老板要想成为公司内部的权威，只有老板的称号是远远不够的，其实有很多细节可以注意，唯有做到这些细节，才能成功提升自我。首先，说话的时候摆正姿势，语气要坚定不移，并且充分表现出自信。试想，假如老板自己都不相信自己，又如何能够得到下属的信任和支持呢！其次，话不在多，而在于精，很多老板开会的时候讲起话来总是长篇大论，虽然口干舌燥地说了很多，但是收效甚微，在这种情况下不如言简意赅，字字珠玑。再次，说话时尽量采用短句，这样能够以适当的语气停顿给人留下深刻印象，此外还应该把重点留在最后，或者在最后画龙点睛，重提重点，这样才能得到下属们的重视。当然，最后还需要注意的是，一个老板一定要说出有分量的话，实现这一点的前提是拓展自己的知识，让自己的水平高于下属，说起话来才有底气。总而言之，每个人都想当老板，当好老板却并不简单。老板不但要做好自己该做的事情，也要根据下属的不同性格特征和具体情况，因人而异，区别对待下属。作为老板，一定要更加聪明机智，随机应变。

鼓励和赞扬你的下属，增强他们工作的动力

中国人历来不习惯赞扬别人，他们经常会把对别人的赞扬埋在心底，而总是通过批评别人来"帮助他人成长"。其实，人们的这个想法是错误的，在很多时候，赞扬比批评对他人起的作用要大。而对于领导者来说，如果能把"赞扬"运用到企业管理中，也就成了人们常说的"零成本激励"。而如何通过赞扬来达到激励下属的目的呢？作为领导者，应该明白自己下属的心理，学会赞扬下属，而做到这些，其实是很不容易的。著名某企业家得出这样的结论："激励是创新的源泉，惩罚是维持现状的手段。"要想使下属的工作有所创新，必须学会赞扬下属，让下属从赞扬声中获得激励。真正的优秀下属其实是被赞扬、被激励出来的，或许是受儒家文化的影响，中国人总是喜欢批评别人。他们喜欢谦虚，经常会说"失败是成功之母"，实际上"成功才是成功之母"。所以，多多赞扬你的下属吧，这会让你的管理工作更成功。

畅销书《奖励员工的一千零一种方法》的作者鲍勃·纳尔逊说："在恰当的时间从恰当的人口中道出一声真诚的谢意，对员工而言比加薪、正式奖励或众多的资格证书及勋章更有意义。这样的奖赏之所以有力，部分是因为经理人在第一时间注意到相关员工取得了成就，并及时地亲自表示嘉奖。"作为领导者，需要记住，打动人最好的方式就是真诚的欣赏和善意的赞许。在每天工作结束的时候，领导可以花几分钟写个便条对表现好的下属进行赞扬，通过走动式管理的方式看看下属，及时鼓励下属，或者抽时间与下属吃个午餐、喝杯咖啡，实行公开表扬、私下指责等。管理者只要多花一些心力，下属就能受到莫大的鼓舞，使工作成效大幅度提升。

许多领导者认为，赞扬下属太多，下属可能会因此而变得骄傲自大，会造成工作上的松懈，其实，这是一种错误观念。领导者同时作为一个管理者，最重要的工作之一，就是成为一个为下属喝彩的领导。换句话说，领导者必须是第一个注意下属优秀表现的人，并不时地赞扬他们。

虽然，赞扬下属是一件好事，但绝不是一件容易的事。作为一个领导者，赞扬下属如不能审时度势，不掌握一定的赞扬技巧，即使你是真诚的，也会使好事变成坏事。赞扬下属并不是随便说几句好听的话就能达到效果的，领导要想恰到好处地去赞扬下属，就应该把握一些基本的要求。

1.赞扬要实事求是

领导对下属的赞扬需要实事求是，这里的"实事"就是下属所取得的工作成绩，也可以是他们为完成任务、克服困难而付出的努力与心血。总而言之，下属需要的是言之有物、形象具体的表扬，这样他们才会信服，才能感到领导时刻都在关注自己，进而产生一种"士为知己者死"的精神动力。

在现实工作中，不少领导者在对下属进行表扬的时候，常常给人一种空泛而不着边际的感觉。比如，"某某的工作做得很好，值得大家学习"，至于好在什么地方，下属无法得知，只是感到调子很高，但却没有实际内容，这样的赞扬很空洞，打动不了下属的心。

2.发自内心真诚的赞扬

谁都喜欢真诚，讨厌虚假的东西，而且，只有真诚的东西，才会被人所接受。而赞扬也不例外，能让人喜欢的赞扬从来都是不缺乏真诚的。因

此，领导者只有以真诚的态度去赞扬，才能唤起下属的亲切感和信任感，从而愉快地接受赞扬，并在相应的工作中更加积极地去表现自己。

所以，在赞扬下属的时候，领导对于他们所取得的成绩和优点，应该发自内心地感到高兴，满怀热情与真诚地表示赞扬。因为只有真诚、发自内心的赞扬，才能让下属受到感染，才能激起他们更大的工作热情和动力。

恩威并施，偶尔与下属细话家常

自古以来，都有"水能载舟，亦能覆舟"的说法，不得不说，那些明智的帝王之所以功业千秋，就是因为把这个道理深刻地铭记在心。的确，即便贵为天子，是天下一切生灵的主人，帝王也不能完全肆意妄为，必须考虑到百姓的心声，才能更好地为百姓服务，为百姓当家做主，给百姓更加幸福安乐的生活。否则，一旦惹恼了百姓，使得他们揭竿而起，那么天子就不再是真正的天子，宝座也会岌岌可危。其实，不但政治上遵循"水能载舟，亦能覆舟"的说法，在企业管理上，对于管理者而言，这个道理同样适用。

很多企业的管理者总是把自己看得高高在上，把下属们全都不放在眼里，殊不知现在不是个人英雄主义的时代，管理者只靠自己的力量是根本不可能获得成功的。一个好的管理者，不但要得到下属的衷心拥护，也要靠着下属的努力，不断地进取，完成自己的工作计划和任务。反之，假如下属对于管理者的任何决定都不以为然，管理者还如何开展工作呢！因而，一个明智的管理者不但会利用自身的威严严格管理下属，也会适当地给下属施以恩情，这样下属才能更好地团结在管理者周围。当然，给下属施以恩情，除了切实地在某些方面帮助下属之外，和下属经常聊聊天、话话家常，也是很有用处的。毕竟，作为管理者既要在下属面前树立威信，也要让下属看到自己温情的一面。

作为知名企业的销售总监，马总俨然是公司里的红人。原来，他的销售业绩在公司的很多大区中始终名列前茅，而且他把整个部门都管理得井井有条，得到了下属们的一致拥护和爱戴。众所周知，销售工作需要手底下有得力的人，因而如此稳定牢固的销售队伍，对他而言也是不可估量的无形资产。因此，就连总裁都对马总谦让几分。当然，大家也都知道，销售人员是很难管理的，因为大部分销售人员都是凭着真本事吃饭，靠着业绩拿提成，所以往往对于公司的规章制度等都不以为意。那么，马总到底是如何把下属管理得服服帖帖、忠心耿耿的呢？

原来，马总虽然对于犯错误的员工惩罚严厉，但是在平时的日子里，他又是最善于和员工话家常的。因此，他和员工的关系私底下就像朋友一样，而且他也非常了解员工家里的生活情况。诸如马总手底下的金牌销售月香，一直都是公司的销售冠军，但是对于马总却言听计从。有一次，月香和马总一起去吃饭，麻辣小龙虾配啤酒，喝着喝着，月香就把自己的烦恼告诉马总了："我婆婆最近脑溢血了，家里真是一团糟，现在我婆婆还在医院呢！关键是医院还没有单间，我陪床一夜累个半死。"马总把月香的话暗暗记在心里，次日，马总赶紧联系自己在医院里工作的朋友，给月香的婆婆安排了一个单间病房，并且还送去了一张舒适的行军床。就这

样，马总也许没有花费太大的功夫，就成功地让月香对他感激涕零，也对他更加忠诚了。

聪明的管理者一定会制定严格的制度来约束和管理所有的下属，但是他们并非是一味地严厉，而是能够以恰到好处的语言技巧打开下属的心扉，从而走进下属的心里。假如每一个领导者都能像马总这样对下属雪中送炭，下属对领导者一定会更加认可，由此一来，上司和下属的关系也会更加和谐融洽。

民间有句俗话，叫打一巴掌再给一个甜枣吃。很多父母在严厉批评孩子之后，还会给予孩子小小的奖励，从而安抚孩子受伤的心灵。从某种意义上来说，在职场上，上司也相当于是下属的家长，对待下属也应该像对待孩子一样，讲究一定的策略和方法，这样才能在管理下属方面事半功倍。当然，和下属多多交流也是有很多注意事项的，例如要想打开下属的心扉，就不要居高临下地对待下属。所谓公私分明，大概就是工作时间之内成为一个严苛的上司，工作时间之外成为下属的兄长或者是家长，多多关心下属。有很多下属在面对上司的时候是有心理障碍的，就像学生很难把所有心事都告诉老师一样，下属也很难把所有心事都告诉上司。因而上司必须想办法激发员工表达的欲望，才能如愿以偿地知道下属的真心话。此外，和下属谈话时还要拥有肚量，毕竟每个人的观点意见都是不同的，遇到下属与自己的意见不一致时，也不要强求下属一定要附和自己，而是要尊重下属的意见和态度，做到大肚能容，从而避免过激反应导致下属缄口不言。总而言之，下属也是人，上司也是人，两个都会犯错误的平凡人在一起交流，必然会产生分歧，既然作为上司是想要打开下属心扉的，那就要把交谈的侧重点放在倾听上，再适时给出恰到好处的回应，交流才能事半功倍。

批评下属，也要维护其自尊

人非圣贤，孰能无过，每一个成熟的职场人士，都是从青涩的状态在错误中趟过来的。可以说，一个人在走出大学校园之后无论多么优秀，都必然会因为经验的不足，或者知识的陈旧等犯形形色色的错误。很多用人单位都想要聘用经验丰富的员工，也正是因为不想接二连三地为应届大学毕业生的错误买单。不过，老员工虽然经验丰富，却也有弊端，老员工往往因为经验丰富自视甚高，甚至不服气上司的管理，对于应届大学毕业生而言，这样的情况则会大大好转。他们自知刚刚走出象牙塔，缺乏经验，因而很愿意虚心努力地学习，哪怕犯错之后挨了批评，只要有进步，心里也会乐滋滋的。

实际上，上司批评犯错误的下属是天经地义的，毕竟每个人都要踩着失败的阶梯进步，唯有更好地从错误中汲取经验和教训，我们才能更快速地成长起来。但是，批评也是一门艺术，如果说语言是一门艺术，批评则更是艺术中的艺术。当批评的方式不恰当、语言不够精细时，很多人被批评之后都会心生反感。那么，如何让下属意识到上司的批评是为自己好，甚至感激上司的批评呢？其实，这个难题的解决钥匙主要掌握在上司手中。首先，作为上司，批评下属的时候千万不要颐指气使，居高临下，要

记住，虽然下属在职位上没有上司高，但是其人格与上司是完全平等的。其次，批评犯错误的下属最好不要当着其他下属的面，毕竟人人都爱面子，适当地保护下属的面子是很有必要的，除非是故意想要杀一儆百，我们才能在公开场合批评下属。需要提醒的是，杀一儆百、杀鸡给猴看的批评策略，一定要谨慎使用，因为这对于被批评者的伤害是不可估量的。最后，要掌握批评的语言艺术，不一定所有批评都要开门见山，我们还可以采取委婉曲折的方式批评他人，这样才不会伤害他人的自尊。当然，正话反说、幽默的方式等，都是批评的好方法，唯有有心人才能恰到好处地运用这些方式。

有一天，卡耐基交代秘书莫莉为自己准备第二天的演讲稿，当时，还有大概一刻钟就下班了，因而莫莉很着急，急急忙忙地为卡耐基整理好演讲稿之后，就离开了。次日下午，莫莉正坐在办公室里看报纸，结束演讲的卡耐基拎着公文包回到办公室，笑眯眯地看着莫莉。莫莉关切地问："卡耐基先生，您今天的演讲一定很成功吧？"卡耐基毫不犹豫地回答："当然，非常成功，全场观众给予了我热烈的掌声！"

"祝贺您呀，您总是这么受欢迎！"莫莉真诚地说。看着单纯的莫莉，卡耐基依然满脸笑容，接着说道："莫莉，你知道我今天为什么博得了那么多的掌声吗？我今天原定的演讲题目是'怎样远离忧郁创造和谐'，但是当我打开演讲稿开始读时，听众们马上发出不可遏制的笑声。"

"你的演讲一定非常精彩！"

"是的，的确非常精彩，因为我正在读的是一则新闻，而且是与为奶牛提高产奶量有关的。"卡耐基一边说着，一边还从文公包里拿出报纸，交给莫莉。

莫莉突然间羞愧得满脸通红，她小声地说："对不起，卡耐基先生，我害得你丢脸了。昨天快要下班了，我太粗心大意了！"

"当然没有啦，幸好你给了我一张报纸，我才有机会进行自由发挥，表现出我绝对的聪明机智。从这个角度来说，我还要感谢你呢！"卡耐基笑着说。

从此之后，莫莉对待工作非常认真，再也没有因为急于下班或者其他的什么原因，犯过类似的错误。

虽然卡耐基自始至终都没有批评过莫莉，甚至还说要感谢莫莉，但是莫莉因为卡耐基的宽容仁厚和风趣幽默，反而更深刻地记住了自己的错误，并且再也没有犯过同样的错误。不得不说，卡耐基是成功学大师，也是人际学大师，所以才能如此圆满地处理好这个让人恼火的问题。

任何时候，作为领导者都要记住，批评下属的目的不是让下属颜面全无，而是让下属更好地意识到自己的错误，及时改正错误，从而更好地提升自我。因而我们不能肆无忌惮地批评下属，而要始终牢记着最终目的，采取最恰到好处的方式激励下属。从这个意义上来说，一味地以严重的后果震慑下属其实也没有必要，更好的方式是告诉下属改正错误之后的有益后果，这样下属才能更加积极乐观地面对错误，踩着失败的阶梯不断进步。当然，任何下属犯错误，其实和领导者之间也有着密不可分的关系，倘若作为领导者能够主动承认错误，再提出让下属也积极改进，下属一想到领导者都因此受到牵连，进行自我反省，怎么还会对领导者的批评耿耿于怀呢！当然，有些批评还可以以表扬的方式进行，这样一来，对方得到

赞赏，渐渐地就会心甘情愿地改变自己，也不会对批评者心怀芥蒂。

传递温暖，降低某些问题的尖锐度

在现实工作中，面对一些尖锐的问题，领导者又该如何提问呢？有的领导者在这时依旧把自己的姿态摆得很高，以审判者自居，而把那些陷于不幸或处于难堪境地的下属当做应该谴责的对象。他们在提问的时候，总是锋芒毕露，提出一些尖锐的问题，诸如"听说你的公司倒闭了""你在吸毒吗""你离婚了吗"，等等。虽然，他们内心深处并没有太大的恶意，但是如此尖锐地提问会让下属感觉自己是在接受"审问"。同时，那些尖锐的词语或者带有审判意味的语调也会令下属感觉很受伤。作为领导者，可能只是毫不在意地提出了一个问题，但造成的后果却是严重的，下属有可能会因为这个问题而心生不快，甚至受伤。其实，沟通的目的在于更好地了解彼此，把自己的想法和意见有效地传递给对方。在这一过程中，不要给语言穿上"刺猬服"，也不要咄咄逼人，而要把温暖传递给对方，降低问题的尖锐度，让对方不会觉得难以承受，并且明白你是在关心而不是审问他。

古人云："曲径方能通幽。"提问也是一样的道理。在现实生活中，许多领导热衷于直截了当地提问，不修饰、不绕圈子，虽然这样的提问比较真实，但是它使得问题太尖锐，不具备实际可操作性。提问的目的是引起谈话双方的兴趣，为话题做好铺垫，从而使话题能够顺畅地进行下去。

提问最为关键的一点是，营造出和谐的谈话氛围。而直截了当的提问极有可能会伤及下属的面子，尖锐的问题也只会令下属感到难堪，从而破坏原有的和谐气氛。因此，在提问的时候，领导者不妨绕个圈子，采用迂回的提问方式，否则难以将话题继续下去。

陶行知说："发明千千万，起点在一问。禽兽不如人，过在不会问。智者问得巧，愚者问得笨。人力胜天工，只在每事问。"其中，"问得巧"就是将那些尖锐的问题"柔化"，或曲解，或迂回，或绕圈子，不露锋芒地获取信息。

一个问题可能有多种提问的方式，简单地分不过是两种：直问和曲问。直截了当、单刀直入地提问，叫直问；从侧面或反面迂回地提问，叫曲问，即问在此而意在彼。曲问不从常规出发，而着眼于提问的方式，可以很好地照顾到对方的心理。不可否认的是，新颖别致的曲问，已经成为了领导者日常交际中常用的一种提问方式。

那么，在现实生活中，领导者该如何将尖锐的问题婉转地提出来呢？

1.试着了解他人的处境

沟通是建立在平等的基础上的。作为领导者，没有必要带着某种优越感去看待别人，而一旦你有了某种优越感就会导致沟通的失败。所以，面对别人的不幸遭遇，或者面对别人难以开口的问题，不要粗鲁地带着尖锐的词语直接质问，而要采用谈话的方式，试着了解对方的处境。当你发现自己所提的问题比较尖锐的时候，要倒退两三步，尝试着去理解对方所处的境地，尽量把问题变得温和而委婉。

2.把刺耳的字眼换成"具体陈述"

在提问的时候，尽量把那些听来刺耳、有审判味道的字眼，改成一些具体陈述。比如，主编在询问下属关于抄袭这样的敏感话题时，可以这样说"某学术期刊上面有篇论文跟你上个月交上来的那篇，内容上有重叠的部分，大概有5000字"。虽然这样"具体陈述"的提问有点麻烦，但却显得很具体，听起来没有直接指责的意味，只不过是告诉对方你在就事论事。

3.必须提出尖锐的问题时，可以适当借助"抽象的第三方"

当然，如果是遇到公事上的问题，你必须提出尖锐的问题，这时建议你摆出"抽象的第三方"来当挡箭牌。比如，在提问到公司里某些贪污的新闻等时，领导可以抬出第三方势力来提醒那些下属。比如可以说，"你就任即将满三年了，媒体记者们在报道你的政绩时，恐怕也一定会提到，一直都没有得到你亲口澄清的有关两年前的那则受贿事件的传闻"。当然，这招也可以用在你向上司提出问题时。

第 11 章

与同事聊，融入集体做事容易

　　身处职场，与我们相处时间最久、交集最多的大概就是同事了，而能否掌握和同事沟通和聊天的技巧，事关我们在职场的人际关系，以及我们的工作氛围，为此，我们有必要学习如何说话方能融入同事的集体。

开朗乐观，与所有人打成一片

当阿凯还是一个毛毛躁躁的小伙子的时候，面对紧张的同事关系，他有些茫然失措。

后来，在屡受挫折之后，阿凯终于悟出了许多为人处世的道理。于是，他试着从完善自我入手与同事相处，收到了良好效果。也许是自小生长在农村的缘故，早年的阿凯是一个经常被抑郁笼罩的人，总有一些自卑感，时常悲观、烦躁、焦急、忧虑、敏感。有时别人一个无意的玩笑，也会让他感到伤心，认为别人在伤害自己。

因为这样的性格，阿凯不愿主动与人交往，对别人的热情也爱理不理，整日里耷拉着头，一脸寒霜，许多时候得罪了别人还浑然不知。渐渐地关心他的人越来越少，工作中，没有人主动支持、配合他，他成了"孤家寡人"，自己也很苦恼。

促使阿凯性格改变的是他的一位朋友李雷。

李雷告诉阿凯：抑郁就像不停往下滴的水，会越积越多，它使人心情沮丧，形成与人交往的最大障碍，影响一个人事业的成功。

李雷在阿凯书桌的玻璃板底下压上了这样一句话："用铁门把过去和

未来割断，生活在与过去的日子完全隔绝的今日里。"

此外，李雷为了使阿凯摆脱抑郁，给了他几本帮他改变的书籍。这些书使阿凯不再为过去的每一个过失而懊悔，不再为每一个失之交臂的机遇而遗憾，不再为捉摸不定的明天而幻想，他开始认真地面对与同事相处的每一天。在那之后，阿凯注意在生活中尊重同事、诚实待人、关心同事，乐于在同事需要的时候伸出援助之手，在工作中谦虚、谨慎，与同事相互支持和配合。渐渐地，同事们也改变了对阿凯的态度，阿凯与同事们终于打成一片，抑郁也离阿凯远去，笑容终于出现在阿凯的脸上。

有的人喜欢独处，这是个人性格的问题，本身并无对与不对之说。然而，在职场上要想获得好的人缘，和同事"相忘于江湖"是不可能达到的。所以，面对你的同事，只要你丢掉羞怯、孤傲、清高的姿态，积极地靠近他们，多与他们交流互动，相信很快你就会与他们打成一片。

职场中一定不能将自己置身于集体之外，当一个人总是独来独往，无视他人的看法时，他无形中也冷落了自己。学会热情主动地与他人交流，学会与他人分享和合作，自己也就会获得他人的帮助，获得好的人缘。从下列几个方面做起，你会变得更合群。

1.对待工作，积极一点

作为一个职场新人，面对工作一定要主动。应该自己做的，不要等别人吩咐，能够帮忙的，及时伸出援手。当然，积极主动的同时也要注意拿捏好态度和分寸，不要让人觉得我们是在出风头。同时，积极主动最关键的是能够持之以恒，先热后冷倒不如一开始就不闻不问。

2.多寻求同事的帮助

寻求援助的好处有两个：一，你可以把自己的问题解决掉；二，如果你不向别人求援，别人就会误认为你是一个怕麻烦的人，以后别人一旦有事自然就不会向你求援了。因此，若你遇到困难时，应该勤于向同事求援，这样反而能表明你对同事的信赖，从而能进一步融洽与同事的关系，加深与同事之间的感情。

3.为人着想，不自我封闭

要与同事打成一片，就要学会从他人的角度来考虑问题，善于作出适当的自我牺牲。还要在他人遭到困难、挫折时，伸出援助之手，给予帮助。比如：同事感冒了你体贴地递上药丸，路过饼店顺道给同事买下午茶，这些都是举手之劳，何乐而不为？

4.低调，正确对待自己以往的业绩

谦卑和知识渊博的人，往往低调；自大和粗浅的人，最喜招摇。前者眼光长远，虚怀若谷，总会让人敬仰；后者看不到长远之利，经常会为眼前一点成就手舞足蹈，怎能不成为众矢之的呢？我们要学会低调生活和工作，尤其当我们还只是职场新人时。

5.培养自己多方面的兴趣

要做到与同事打成一片，增强同事之间的感情，培养自己多方面的兴趣，以爱好结交朋友，也是一种好办法。另外，相互交流一些信息、切磋一下自己的体会，这样可以让自己的人际关系更加融洽。

6.有些"小秘密"，可以共享

隐私也不是不能说，只要这些隐私不伤大雅，往往能拉近你和同事的距离。你什么也不说，什么也不让人知道，人家怎么信任你？要知道，信任是建立在相互了解的基础之上的。所以说，为了彼此之间的距离更近一点，那就说些好玩的或者是没有必要隐藏的"小秘密"吧！

7.说话有分寸，别做惹人嫌的事

同事交往中，免不了要发些牢骚，说些闲话，难免会牵扯到某些同事的是是非非。此时，作为新人千万不要介入，更不要为讨好别人而将这些话语传递给他们，最好的做法是借故走开，耳不听为净。"是非只因多开口"，说人闲话、打小报告历来为人所不齿。

如果办公室的氛围很好，虽然工作有时不是很顺利，但大家都能相互理解，相互信任，相互聊得很开心，相互帮助渡过一个个难关，相互学习好多东西，工作不忙时，相互聊聊天，也会感觉时间过得很快。

不与同事为小事争论不休

王刚是某汽车销售公司的销售员。这天，他敲开了一家外贸公司总经理办公室的门，因为他事先了解到总经理有购买汽车的打算，因为他的汽车实在旧得不成样子了。

当总经理听完王刚的介绍之后，开始不断地抱怨，说汽车的功能也不全，而且整体造型也不好看。面对客户喋喋不休的抱怨，王刚只是静静地听着，脸上始终带着微笑。最后客户抱怨完了，对王刚说："这辆车，我顶多出15万元。要是15万元能卖的话，我现在就下订单，要是不能卖的

话，我想就没有必要谈下去了。"

王刚一听，心里暗暗窃喜，因为公司给他的最低报价是13万元。就这样，王刚为公司多赚了2万元的利润，那个月，王刚拿到了6000多元的提成。

对于很多没有实际意义的争辩，大可没有必要参与进去。如果别人找你理论，你只要保持沉默就是了，因为就算分出个是非对错，也没有任何实际的意义，反而会因为争论而伤害双方的感情。所以，在职场中，要学会少说话，避免和别人发生没有必要的争论。这样一来，别人就算是想要和你理论一番，因为你的沉默也只好知趣地离开。你的沉默相应地为自己争取了最大限度的活动空间，让对方摸不透你。那么，在工作中怎样才能避免没有必要的争辩呢？

1.认真地听

在职场中，有时候有些人是你不想见，但是又不得不见的，有些话是你不想听，但是又不得不听的。所以，当对方拉住你，用言语向你挑衅的时候，不要被对方的姿态所激怒。你完全可以认真地倾听，然后给他一个真诚的微笑。这样，对方因为你认真倾听，得到了应有的尊重，内心就会钦佩你，自然会放弃与你争辩。更重要的是，你以这样的高姿态赢得了对方的心，不但省却了大量的精力和时间，去做更加有意义的事情，而且还会在最大程度上保全自己，让你身边的人际关系保持最大限度的和谐。

2.不要随便改变

在面对一些没有必要的争辩的时候，很多人因为被对方的气势所震慑，轻而易举地就改变了原先坚持的观点和想法，从而附和对方。这样是避免了和别人争辩，但是也损失了自己的形象，损失了利益，更重要的是给别人留下了很坏的印象，让别人看不起自己。所以，不管别人怎么说，怎么辩，你只要坚持你的观点、坚定你的想法就行了。

3.要面带微笑

一般情况下，产生辩论的双方都是因为观点和想法不一样，所以争辩时的气氛充满了火药味儿，对方说话也是带着情绪的。这时候，如果处理不好，你就会被带入这场无休止的争吵中，无法自拔。所以，当你面对别人的挑衅的时候，要用理性克制自己的情绪。保持沉默，并且始终面带微笑，用你的微笑告诉对方，我不生气，我不和你一般见识，我不和你争辩。当对方暴跳如雷，气得青筋突起时，看到你微笑着，试想，对方还有和你继续争辩下去的勇气吗？所以，面对对方的挑衅，一定要面带微笑。

4.保持沉默

沉默是应对挑衅最好的武器，不管对方说什么，做什么，你总是沉默，这样对方找不到可以发泄的途径，只能败下阵去。不管对方多么强势，你只需保持沉默，什么也不要说。对方看着你一脸的无辜，也不好意思再继续下去。事实上，这些没有任何意义的争辩，只能浪费大量的时间和精力，双方还会因此产生矛盾。索性保持沉默，这样既不得罪人，也能最大限度地保全自己，可谓两全其美。

职场新员工在前辈面前要适度装嫩

大学毕业之后，王瑜进入了一家网络公司上班。可是刚上班的第二

天，他就发现有些不对劲，公司里的老员工根本就不正眼瞧他。与他们主动搭讪，也没有人理，自己还被呼来唤去。王瑜内心非常不舒服，但是为了生存，他只好忍气吞声。

这天，公司遇到了技术难题，几个公司里的"技术尖子"抓耳挠腮就是解决不了，整整一上午过去了，事情没有任何进展。没办法，公司总经理只好把这个问题向全公司宣布，希望其他员工能出谋划策。

王瑜经过认真地思考，很快，他拿出了一个解决的方案。他来到技术部，在短短的几分钟之内就解决了问题，那些"技术尖子"面红耳赤，拉着脸离开了。很快，王瑜被调到了技术部，他的噩梦从此开始了。

每当有技术难题的时候，大家谁也不愿意主动干。找张三，张三说："你去找王技术员啊，我哪有能力做啊？"找李四，李四说："还是找王技术员吧，我看他能行。"事实上，对技术的攻克和研究，王瑜只懂个皮毛，哪能跟这些资深的老技术员比。

大家都极力排挤王瑜，领导也无可奈何。最终，王瑜只能闷闷不乐地离开了公司。

在公司里，难免会遇到一些老员工排挤新员工的事情，因为对于老员工来说，他们害怕新员工表现比自己突出而抢了自己的饭碗。所以，当你进入职场后，面对老员工，要尽量装嫩，让他们感觉到安全，他们有了安全感，自然不会再排挤你。尽量表现得低调一些，因为你是新人，资历不高，而那些老员工却是企业的元老。那么，面对老员工时，到底该如何"装嫩"呢？

1.不要和他们抢活干

很多新人上班之后，觉得多干一些活就能获得领导的认可和肯定，所以，总是想方设法抢活干。但是却触动了公司里老员工的神经，让他们觉得你是在极力地表现自己，要是你万一得到了领导的青睐和重用，说不定还要听命于你。试想，哪个老员工愿意在一个新人面前低头呢？所以，刚进入公司后，不要和老员工"抢活"，要尽量保持低调，学会隐藏自己。因为你的羽翼还没有丰满，过于显摆，只能招来别人的嫉恨，尤其是那些老员工的嫉恨，被他们嫉恨，也就意味着你将不得不离开。所以，为了保全自己，为了生存下去，在老员工面前，一定要"装嫩"。

2.暂且忍耐当"小弟"

进入公司之后，老员工免不了对新员工指手画脚，因为他们觉得自己有这个资格。对于新人来说，似乎有些难以忍受，因为对方毕竟不是你的领导，总是来指挥你，告诉你该怎么做，这让你常常觉得有些心理不平衡。这时候，你一定要忍耐，要甘愿被人使唤，要暂且忍耐当个"小弟"。对方只是为了显示自己是老员工，比你懂得多，你让对方的这个虚荣心得到满足，对方自然会对你好。在这个过程中，你也可以向他们多学习。所以，对于初入职场的年轻人来说，要忍耐，要甘于做一个"小弟"，利用这个机会抓紧时间向老员工学习。当你掌握了足够的经验和知识的时候再飞翔，维护尊严是要靠实力的。

3.有事没事多请教

面对老员工，要学会装嫩，因为你的身份是初来者，所以有事没事多向他们靠拢，大问题小问题多向他们请教，不要害怕被拒绝。事实上，他们也不可能拒绝帮助你，并不是每一个人都有当老师的机会。放下面子，多向他们请教，你一定会受益，可能他们的学历没有你高，但是他们的经

验却比你丰富。向一个有丰富工作经验的人请教和学习，也不是件丢人的事情，所以，放低自己的姿态，虚心地向老员工请教吧！

与老同事聊天，谦逊为上

一位职场新人向心理专家诉苦："在办公室里，有位工作了三四年的老同事让我很心烦，平时不管我做什么事情，他都喜欢过来指指点点，我真的好苦恼。"其实，他的苦恼应该是每一个职场新人都曾经遭遇过的。不过，对于每一位职场新人来说，初到公司的第一步就是与老同事搞好关系。为了"讨好"老同事，职场新人应该时刻注意自己的言行举止，尤其是说话方式，请记住这样一点：与老同事沟通，要谦逊低调，保持谦虚谨慎，方能亲近"老同事"。

大多数老同事会凭着自己资历深厚而对新人的言行举止百般挑剔、抵触或者根本不认同，处处干涉、事事指导，让一些职场新人无法施展自己的能力，工作总是被牵制。另外，一些老同事还有一定的戒备心理，他们在工作上很保守，不愿意指点、帮助新同事，害怕"教会了徒弟，饿死了师傅"，在这样的情况下，难道新人就没有办法了吗？当然不是，谁都喜欢谦虚的孩子，老同事也是人，如果你言语中处处透露出尊重、谦虚、诚恳，那么，对方也一定会被感动，并愿意成为你的"职场老师"。

1.说话要尊重

即使在办公室遇到了倚老卖老的老同事，面对他们，我们也应该处处流露尊重的态度，善于发现其优点，不要反驳老同事的看法，不要与之发生正面冲突，给予老同事最充分的尊重才是上上之策。

2.投其所好，与之建立互惠互利的关系

初到公司一段时间，即使是新人也应该对老同事的喜好、个性有所了解，那么，在与其谈话的时候，需要投其所好，聊对方感兴趣的话题。另外，在办公室里，自己可以包揽一些小事，比如端茶递水，这些作为新人是应该做的，给老同事留下好的印象，那么，在工作上，他就一定会不吝赐教。

3.拒绝要诚恳

有的老同事喜欢指使新人去做一些琐碎的事情，作为职场新人也不要生气，如果自己真的很忙，或许实在不想被指使的时候，也应该学会委婉地拒绝。当然，话语一定要诚恳，比如"不好意思，我真的很忙，手上正好有一个计划需要赶紧写出来，而且，今天就要完成"。尊敬的态度，诚恳的语气，相信老同事一定会谅解你的。

与同事意见不同，也要巧妙表达

身处职场，我们天天要与同事打交道，每个人的个性、认识不同，对同一件事的看法和意见自然也不同。而很多时候，即使意见不一，也绝不要和同事或者老板争论，就算你认为自己很有道理也不要这么做，因为那对你没好处。结果要么是你输掉这场争论，要么就是你会失去一些跟你站

在同一战线上的人。但是，你还是需要一些办法阻止他们产生一些草率的念头，避免最后给你的职业带来不良影响，此时，就考验了我们说话的能力。那么，我们如何说话，才能正确地表达相反意见，同时还能避免跟同事彻底翻脸，把话说到对方心里，让其欣然接受呢？

下面是正确反驳同事的策略，一共有五个步骤：

第一步：多听少说。

当我们发现同事的意见或者方案不妥时，不要急于去争论或者发表不同意见，也不要插嘴。相反，你要鼓励同事把自己的想法完全并且充分表达出来，他们希望你懂得倾听，也同时希望能够得到尊重。如果你总是很快地跟他们争论的话，你可能会听到"你还是没懂我说什么……让我解释给你听"这样的话，如果最终你们得到一方获胜一方失败的结果，那这样的争论就完全是浪费时间。

第二步：善意的保留。

在谈话开始的时候肯定对方说的一部分观点是十分明智的做法。也就是说，无论同事的观点正确与否，你都要保留善意的意见，并给予其情感上的认同。等到和同事站在一条战线的时候，你再去指出其意见和看法的不足之处，这样对方接受起来会容易得多。

第三步：找出普遍原因。

表扬对方的努力。你必须感谢你同事有意愿、有勇气并且有见解去解决他们认为应该得到解决的问题。告诉他们为什么这个问题十分重要：从一开始的时候就要把讨论集中在你希望得到的结论上，而不是他们的具体看法上。

第四步：强调重点。

表示你已经想到了这一个问题，但还在挣扎之中。你可以说你对三个大问题还拿不定主意，这三个大问题就是你认为你同事的观点中存在的三个致命漏洞。

第五步：同心协力，解决问题。

到现在，你应该已经把讨论从对方的观点（你的同事永远也不可能同意改变他们的观点）转移到问题本身（你的同事将会一而再，再而三地向你证明他们能解决好它）上来了。新的解决方案应该得到双方的共同认可，最终代替你之前听到的那个疯狂的提议。同时，你的同事还会认为那完全是他们提出来的主意。事实上，你已经赢得了这场争论，还赢得了一个朋友。

但我们千万别被他们观点里的逻辑绕了进去，也别让自己陷入到关于他们无休止的讨论里去，悄悄地把讨论从原来的设想里转移出来。你可以把重点放在你和你同事共同想达到的目标上，让他们觉得他们帮到了你，给你提供了可用的建议，而不是被你批评了一顿。

一旦你被大家公认为是一个知轻重、老练的人，那你的一个小小的意见在别人看来都会十分重要。巧妙地表达自己的不同意见，同时还得到了权力、公信力和盟友。

总之，我们反驳同事的目标是要得到双赢，而不是一赢一输。运用心理策略，从以上这几个步骤着手，这一目标的实现自然容易得多！

不要随便侵犯他人的专属"领地"

每个国家都有一定范围内的疆域和领土，这是其他国家无法侵犯的领地，也是本国赖以生存的领地。同国家的疆域和领土一样，对于每一个人来说，也有属于自己的一块领地。每个人的领地都埋藏了一些秘密，每个人也只有在自己的领地上才能放松。所以我们在与同事相处的时候，要保持一定的距离，不要随便进入他人的领地。

每个人在人际交往中，都存在着一种强烈的自我保护意识，保护自己那块领地。而对于存在着利益关系的同事之间，这样的一种保护意识更加强烈。因为，在同事之间不存在着真心交谈的朋友，只存在着志同道合的革命同志。谁也无法向自己的竞争对手亮出自己的底牌，或是全面地展示自己，他们总会坚守自己那片领地。而人与人之间的交往是建立在互相尊重的前提之上，这就需要我们在与同事相处时，要学会尊重对方，不要随便就进入他人的领地。

小李是一个性格十分开朗的女生，她刚进新公司没有多久，就赢得了同事们的喜欢。一天，她与同事下班回家，偶然看见上司的车里坐着与自己一起来的新秘书丽丽。她不禁有点好奇，还上前去打了个招呼："嗨，去哪里玩啊？"丽丽有点支支吾吾，含糊其词："我马上回家呢，正好与老板顺路，他载我一程。"小李笑了笑，就与同事回家了。

第二天，小李就在办公室大声公布了她的新发现，当她和同事正在那里大声讨论着的时候，丽丽拿着文件夹进来，正好听到了，她脸色变得很难看，把文件扔给小李就走了。小李显得有点不好意思，两天以后，上司把她叫到办公室，告诫她以后在上班时间少说与工作无关的事情。小李闷闷不乐地回到工作的地方，让她更为伤心的是，没有一个人过来安慰她。

在同一个办公室上班，每个人都应该尊重他人的隐私，稍有不慎，就会因祸从口出而付出很大的代价。这就需要我们在办公室里，随时注意自己的一言一行，一举一动，千万不要揭露他人的隐私或伤疤。

一般而言，我们在与同事相处的时候，需要与对方保持一定的距离。这样的距离不仅仅是人与人之间的心理距离，还有工作目的与职权的界定距离。所以，我们在工作中，不要随便进入别人的私人领地，也不要对别人的隐私进行大肆地宣扬。

1.不要进入同事的秘密领地

每个人都有自己的秘密和隐私，我们应该尊重别人的秘密领地。如果你窥探别人的秘密，那会被认为是一种个人素质低下，没有修养的行为。当然，我们不可否认，每个人都有一定的好奇心。但是，如果你发现自己对别人的隐私开始感兴趣时，那么你就应该进行自我反思了。

其实，很多情况都是在无意之间发生的，比如你偶然间发现了同事的一些奇怪行为，在聊天时无意间告诉了别人，这样一传十，十传百，弄得整个办公室人尽皆知。其实，你这样的无意识行为既造成了对同事的伤害，又使其他同事对你有了防备之心。因此，与同事相处，就需要与之保持一定的距离，尊重对方的隐私，不要随意进入对方的领地。

2.不要介入同事的工作目的与职权

每个同事都有自己的工作目的与职权，很多人对自己工作领地都有强烈的保护欲。这样一种自我保护意识就体现为，他只会坚持自己的想法，

不会轻易接受你的建议，也不希望你随便询问他工作的进度。其实，对于每个人而言，都对自己的工作领域有种强烈的操纵感，他介意其他人对他工作有任何的意见，他们做事我行我素，如果你随口问一句"工作进展得怎么样了？"他就会觉得你是在干预他的工作。

因此，如果不是有工作方面的需要，千万不要介入对方的工作目的与职权范围内。不要自以为是地给对方一些建议，也不要随口问对方任何关于工作的情况，你的无意之言只会让他对你产生敌意。如果你确实是需要他配合工作，首要任务就是与该同事做好完整详细的沟通。

总而言之，对于每一个人来说，都不希望自己的领地被他人侵犯。与其让自己职场中多一个敌人，还不如保持距离，真诚相待，使自己在职场多一个可以信赖的人。

第 12 章

与客户聊，服务细节铸成果

生活中，我们不少人从事销售类工作，而作为此类工作者，我们就需要与客户打交道，客户是否愿意购买我们的产品，是否会成为我们的忠实粉丝，都与我们是否懂得与客户沟通有密不可分的关系，那么，我们该如何与客户聊天呢？接下来，我们看看聊天高手们是如何做的。

完美初见，一开口就赢得客户信任

买与卖，实则是交易的两个对立面，因而销售人员与客户之间也处于相对的对立面，甚至很多客户还会怀疑销售人员所言是否凿凿、为人是否负责和真诚。尤其是购买大宗或者昂贵商品的客户，更是会谨慎地观察和考察销售人员，毕竟只有把重要的交易托付给值得信赖的人，后续工作才会更加顺利。

从这个角度而言，我们作为销售人员，第一时间要做的工作就是打消客户的戒备心理，赢得客户的理解和信任。众所周知，第一印象对人的影响非常大，所以我们可以把这个工作放在开场白中进行，而且要争取一步到位，获得成功。对于销售人员而言，开场白的前两分钟几乎能够为自己在客户心中的印象进行定格。如果前两分钟的自我推销失败了，导致给客户留下恶劣的印象，那么接下来哪怕付出更多的努力，也很难扭转情况。

不过，在把握开场白推销自己之前，我们首先要区分和客户见面的情况。例如有些销售人员是在征得客户同意后，才与客户见面的，处于主动地位，所以理所应当承担起开场的重任。相比之下，有些客户则会主动打电话给销售人员要求见面，这样一来，主动权就转移到了客户手里，所以客户就要承担起开场的重任。前一种情况下，销售人员的开场白决定了接下来的洽谈，后一种情况下，客户的开场白决定随之而来的洽谈。成功的开场白，能够打动客户的心，让客户怦然心动，也更加信任销售人员。那么，什么样的开场白才是成功的开场白呢？必须做好以下几点细节。

很多客户之所以抗拒推销人员，就是害怕被推销人员占便宜，导致自己吃亏。对于这一点，有些推销人员自身就很心虚，觉得自己似乎真的是去找客户揩油的。实际上，推销员必须改变心态，要以帮助客户解决难题、带来福利的心态面对客户。毕竟推销员的新产品也许能够改变客户的生活品质，有些保险代理人更是对自己拜访客户的行为美其名曰"送平安、送健康"，仔细想想，不无道理。推销员唯有底气十足面对客户，才能成功把产品推销出去，也才能打消客户心中的疑惑，获得客户的信任。

大多数情况下，因为客户对于推销员戒备心理，所以并不会给推销员大多的时间进行推销。这就要求推销员说起话来一定要言简意赅，简洁明快，而且要重点突出，切忌长篇大论，让客户不知所云。唯有在最短的时间内让客户了解自己的产品，推销员才能成功吸引客户的注意力，也才能为自己赢得更多的时间进行推销工作。

当然，对于很多商业性质的推销而言，客户的目的也是盈利，因为他们最关心的是新产品能给自己带来怎样的利润和价值。在这种情况下，推销员要有的放矢，根据不同的产品和推销对象决定自己最先说什么。例如给家庭主妇推销产品，要注重介绍这款产品能够为家庭主妇带来怎样便利的生活。再如，如果是给公司老板推销办公用品，那么就要从节能、方便好用的角度进行介绍。如果是把大型的机器设备卖给工厂，那么就要着重

介绍这些产品能够给工厂提高效益，带来更大的利润和收益。总而言之，不同客户所关注的重点是不同的，推销员要想第一时间内吸引客户的注意力，打动客户的心，就要预先了解客户的不同需求，从而一针见血，让客户主动了解你的产品。

当然，说好开场白的方式并非固定不变。不管什么样的开场白，只要能够达到预期的目的，就是有效的开场白。再加上和客户的不同，所以每个推销人员更是要根据自身的实际情况，和不同客户的脾气秉性以及需求爱好等，来适时调整推销方案，组织推销语言。不过，任何开场白都必须具备以下几个要素，即推销的目的、吸引客户的兴趣以及为推销争取提问的机会。这样一来，推销工作才能深入而完整，推销成功的机率自然也更大。

服务到位，从细节上赢得客户

服务顾客是永恒的话题，而用优质服务满足顾客需求是我们最主要的目标之一。随着社会竞争的日益激烈，一种被人们忽视的东西逐渐凸显出来，就是新型的服务形式——细节服务。许多商家通过完善的细节服务，赢得了顾客的青睐，大量事实证明，如果我们能做到关注服务细节，做好细节服务，我们就一定能提高服务质量，提高顾客满意度。服务行业里的细节到底指的是什么呢？

其实，细节就是那些琐碎、繁杂、细小的事情，不过，千万不要忽视那些小事，所谓"千里之堤，毁于蚁穴"，一个细节往往会毁掉整个生意。比如，有的工厂仅仅因为一口痰而吐掉了整个联营药厂，有的因为一顿饭吓跑了顾客。在现代社会，那些优秀的工作者之所以能获得成功，就在于其注重细节问题。因此，要学会完善服务细节，让顾客在一点一滴中被打动。

早上，王先生临时决定去参加同学会，由于去得比较匆忙，他只带了几张名片，一进会场，一下就派完了。当同学给自己名片的时候，他感到十分不好意思。于是，他抱着试一试的心态走了出来，这时，一名服务员迎上来，问道："先生，请问有什么可以为您做的？"王先生告诉她自己想印点名片，于是，这个服务员通过步话机叫来了主管，并向主管说明了王先生的要求。主管当即询问需要一些什么样的条件，当王先生告诉他之后，那位主管拿过名片说："我会尽快给你做好。"两个小时过去了，那位主管走了过来，拿着两百张名片递给了王先生。

晚上，王先生参加完同学会之后，打开了酒店的房间。当他坐在办公桌前，突然发现有一盘包着保鲜膜切好的橙子放在电脑桌前，旁边还有一张留言字条，王先生很好奇，打开一看，只见里面写着："尊敬的王先生，您好！看到你未吃房间里的水果，便特地为您切了一盘，并准备了无糖水果，希望你会喜欢，并预祝您旅居愉快！"想到白天的事情，王先生忍不住感叹："这酒店，真是细节服务周到啊！"

有人说："做酒店就是比服务。"看一家酒店怎么样就看这家的服务怎么样，只有把细节服务做到完美了，才能保证酒店的总体服务质量。而且，在服务顾客的过程中，细节的东西是很容易引起顾客注意的，细节会深深地留在顾客的心里，不会那么容易被忘记。

细节服务并没有具体的要求，简单地说，就是没有最细，只有更细。包括微笑、眼神、关切等等，这些都是我们不可忽视的细节问题。在服务过程中，我们不仅要关注顾客，还要真诚地关心顾客，只有这样，才能完善服务，也才能赢得顾客。

熟练运用互惠心理，助你事半功倍

很多人在说话的时候都存在着一个误区，即觉得应该把每句话都压在别人的头顶上，这样才是所谓的胜者。其实，人生中真的有那么多是非要争辩，有那么多胜负要弄个一清二楚吗？很多时候，在交谈中咄咄逼人，非但无法实现良好沟通的目的，甚至有可能给他人留下恶劣的印象，导致他人对你也心怀不满，最终闹得不欢而散。

懂得变通的人知道，眼见前进未必是前进，眼见的后退也未必就是真的后退。在迫不得已的情况下，明智的人会"以退为进"，以让步作为征服他人的谋略，最终委婉地达到自己的目的。也许有人会说这么做是弱软的表现，实际情况恰恰相反。这么做的人非但不软弱，而且有勇有谋，往往能够兵不血刃就让敌人缴械投降，实在是大智慧。

从心理学的角度来说，这样的方法遵循的是互惠心理。所谓互惠心理，直白地说，就是别人对我们好，我们也相应地对别人好。反过来，如果我们想让别人对我们好，那么我们可以主动对别人好，这样才有可能得到别人好意的回报。很多销售人员在与客户打交道的时候，恨不得一下子就让客户成交，这样他们就能从中谋利。实际上，客户也是深谙销售人员心理的，他们当然能想得通销售人员以成交为目的获利，只是不想让这一切进行得太过急促，毕竟客户也会从自己的需求角度出发，来考量一笔交易是否值得进行。在这种情况下，与其对客户步步紧逼，不如给予客户一定的时间和空间去选择，最终让客户做出正确的衡量。当然，也可以给客户一定的好处，所谓吃人嘴短，拿人手软，这样客户最终才会给你适当的回报。

这种互惠心理，如果能够运用熟练，尤其是在谈判桌上，效果会非常显著的。

马波家的房子正在出售，最近有个买家看到了，正与他讨价还价。经过一段时间的电话沟通后，马波决定和客户见一面，这样也省得经常打电话进行拉锯战。马波的真实想法是，如果能够卖到185万元，他就出手，也可以抓紧时间买他需要的房子。目前，马波的报价是190万元，客户的出价是180万元。马波在电话里同意188万成交，客户却只想出182万元。看得出来，双方都不是非常痛快且做事情大刀阔斧的人。

在谈判桌上，双方依然坚定，没有任何一方愿意让步。足足谈了一个小时，客户的价格才涨到183万元，就再也不愿意往上加了。这时，马波佯装出去接了个电话，回来之后说："这样吧，我看你们也是诚心想买的。我刚刚给我老婆打了个电话，我们卖了房子其实是要去她家乡定居，现在她在家里也看上了一处房子。我们也算是要等着钱买房，我就一步到位，给你们让到185万元，如果你们觉得可以接受，咱们就签合同。如果你们还是觉得价格高，那我也就再等等合适的买家。对我而言，换房也无所谓早几天或者晚几天了。"马波的这番话看起来非常绵软，实际上是绵里藏

针，对买家下了最后通牒。因为担心谈了这么久马波临时变卦，买家很痛快地就接受了马波的价格，接下来的签约过程也进展得很顺利。

马波之所以能够顺利卖出房子，让客户接受他185万元的心理价位，就是因为他采用了互惠心理的策略。他刚开始时并没有把价格让得太低，在客户松动之后，他特意一下子降价3万元，这样一来，客户也不好意思一万一万地往上加了，也只好痛快地签订合同。由此一来，整个买卖都进行得非常顺利，客户和马波对于185万元的价格也都能发自内心地接受。

作为一种心理诱导法，以退为进的效果是非常好的。因为大多数人都有互惠心理，在他人做出退让之后，他们作为一种回报，也很想对他人做出让步。由此一来，双方的让步必然会促使交易的达成，远远比针锋相对地砍价来得让人愉快。

大多数情况下，人们都对于推销员的话心存疑虑，觉得他们难免夸大其词。因而，在面对客户时，作为推销员，不如反其道而行，可以先站在客户的立场挑剔产品的一些毛病，赢得客户的信任，然后再以转折的语气说出产品值得鉴赏的地方，让客户能够发自内心地接受。这也算是以退为进的一种销售方法，作为推销员，可以认真琢磨，将其用在说服客户的过程中，一定会效果显著，事半功倍。

展现专业能力，让客户深信于你

人们常说："做销售，要想把产品推销出去，首先就要把自己推销出去"，此话不假，表面上看，客户购买的是我们的产品，但这是建立在客户对我们信任的基础上。同样，我们在与潜在客户接触、进行客户开发的时候，也只有获得他们的信任，才能真正将销售进程推进一步。要做到这一点，凸显自己的专业素质必不可少，因为没有一个客户愿意与一个对产品不熟悉、说话模棱两可的人合作。

而现实销售中，一些销售员在与潜在客户沟通的过程中，为了能让客户接收到关于产品的更多信息，常常不顾客户感受，一味地表达自己的观点，但却常常事与愿违，让客户生厌。通用电气公司的一位副总经理曾说："在代理商会议上，大家投票选出导致销售员交易失败的原因，结果有314个人——也就是一多半的人认为，最大的原因在于销售员喋喋不休，这是一个值得注意的结果。"

可见，谈吐不专业、喋喋不休等是销售员在接近客户的过程中最容易犯的一个错误，同时也是销售的大忌。所以，销售人员在了解和掌握足够的产品信息的同时，也十分有必要培养和锻炼自身的语言组织和表达能力，尽可能地用最清晰、简明的语言使客户获得其想要知道的相关信息。

对此，我们需要做到：

1.事先对客户进行了解，让沟通具有针对性

销售员在与潜在客户沟通前，应该对客户的自身情况尽量做更多的了解，从而了解客户的思想、需求、愿望、不满和抱怨，甚至客户的气质等重要信息，从而做到有的放矢地对客户进行沟通和鼓动，利于商品销售。

2.语言精练，体现专业素质

这要求销售员做到：

①表达不冗余，词句简练，信息有其一定的价值。讲话絮絮叨叨、繁杂的销售员应当加以改正；

②信息不重复，即说话不可啰唆、重复，表达言简意赅、精炼，措辞有表现力，也不要总是把口头禅挂在嘴上；

③表达明确，不模棱两可，也不要使用那些令人费解的词语，防止误解，避免歧义。说话不要吞吞吐吐，似是而非，要一是一、二是二，把要表达的意思说清楚。

3.关键时刻强势一点

如果一味地认同客户，难免有奉承之嫌，更会显得销售员不专业，这会让客户觉得你不可信任。而在一些问题上，如果我们能强势一点，则会让客户看到我们对产品的信心。但即便强势，也要保持良好的态度，最好先肯定对方的意见。比如，如果客户对我们的产品存在一些误解，我们可以这样说：

"说句真话，我从事电脑销售好几年，像你这样如此关心本公司产品性能的客户，我见得不多，像你这样了解本公司产品的客户，更是少之又少，而且，您的建议对我们很有用，所以我衷心地谢谢您。正如你所说，我们的产品现在还存在一定的问题，不过现在它的市场销量很好，说明还是有不少益处的。您看，这是我们去年的销售情况一览表……承蒙您这样的客户关照，我们会更注意改进产品的性能。您买了我们的产品，如果在使用的过程中，有什么问题，欢迎您继续给我们提出来。"这样说，客户一定能接受。

简洁明晰地表达出自己的观点是一个优秀的销售人员必须具备的素

质，也是一个销售人员职业形象的重要部分。销售人员应尽可能地用最清晰、简明的语言使客户获得想要知道的相关信息，因此锻炼和培养良好的语言组织和表达能力对一个销售人员来说至关重要。

鼓励客户倾诉内心，与客户达到共鸣

现实生活中，我们发现，对于陌生的推销员，我们似乎都有一种本能的戒备心，但对于我们的朋友，我们却倍加信任。而人与人之间为什么会由陌生人到朋友？因为情感的共鸣！人们都喜欢与自己有共同爱好、兴趣的人交往，而对于那些与自己"志不同道不合"的人，则会退避三舍。因此，在与客户沟通的过程中，你不妨先不谈销售，而把老客户当作真心朋友，倾听其内心，多多制造共鸣，你会很轻松，在业务上更会有意外收获。

那么，具体来说，我们该如何倾听，才能让客户把我们当成知己呢？

1.善于激发顾客的谈话兴趣

首先，这需要我们做到全身心地投入到倾听客户讲话的过程中，比如，我们应该身体稍稍倾斜，认真倾听，以此来展示你倾听的兴趣，不要轻易打断顾客；另外，倾听的时候，要配合轻松、自然的表情，通过点头示意或者鼓励性的微笑，并不时地以"哦""我知道了""没错"或者其他话语让顾客知道你对他谈话内容的赞许，鼓励顾客说话。当然，对客户倾听的回应应放在客户说完以后，因为客户在诉说的过程中一旦被打断，

一些反映顾客需求、动机、感情的事实和线索就可能会被遗漏，而这些恰恰是能否成功销售的关键。

2.虚心倾听

比如对他们渊博的学识表现出敬佩的样子，这不仅会让他们好胜的心理得到满足，也会为了表现自己而向我们传授更多知识。

3.专注

我们在倾听客户说话时，对客户所反映的内容精力要非常集中，要不停地加以分析、概括和汇总所听到的信息，要关注每一个细节，要重视和发现一些不起眼的小信息所起到的作用。

4.不要反驳

如果客户说出的是我们不同意的观点、意见，我们会在心里阐述自己的看法并反驳对方，但我们不要急于反驳或者做出判断，对不同想法和不正确的观点，要待对方说完以后再做进一步的交流。

可见，与陌生客户交谈时，我们如果能善加引导，打开客户的心扉，让其对我们一吐为快，那么，不仅有利于了解其内心的真实想法，还有利于拉近和客户在心理上的距离，让他更容易接受你的劝说，从而获得销售上的成功。

放低姿态，倾听客户的指教

"好为人师"是人性的一个弱点。孔子说："人之患，在好为人师表。"每个人都希望能得到他人的尊重和敬仰，这一点，不分年龄、性别以及职业等。法国大作家罗曼·罗兰说："自尊心是人类心灵的伟大杠杆"，只要你能满足对方的自尊心，你也就掌握了对方。推销员利用人类的这一弱点，尊对方为老师，抬高客户，甚至可以虚心向对方求教，这样对方就会心情舒畅，心中充满温暖和同情，对你抱有好感，从而不自觉地接受你的推销。

有名电脑推销员叫刘平，一次，他向某大公司推销电脑。工作努力的他，加上平时跑得勤，功夫深，成交希望非常大。但他没料到的是，"半路杀出个程咬金"，在关键时刻，该公司总经理把这件购买事宜交给了一个技术顾问——电脑专家陈教授。经过考察，陈教授私下表示，两种厂牌，各有优缺点，但在语气上，似乎对竞争的那一家颇为欣赏，刘平一看急了，煮熟的鸭子居然又飞了？于是，他准备进行最后的努力，于是，他找了个机会，唾沫横飞地辩解他所代理的产品如何的优秀，设计上如何的特殊，希望借此改变陈教授的想法，谁知道，还没等他说完，陈教授不耐烦地冒出了一句话："究竟是你比我行，还是我比你懂？"这话如五雷轰顶一样打醒了杨平，不过似乎已经晚了。

当刘平垂头丧气地回到公司，向同事诉说这件事后，一位同事告诉他："为什么不干脆用以退为进的策略推销呢？"并向他说明了"向师傅推销"的技巧。"向师傅推销"，切记的是要绝对肯定他是你的师傅，抱着谦虚、尊敬、求教的心情去见他，一切的推销必须无形，伺机而动，不可勉强，不可露出痕迹，方有效果。

于是，刘平重振旗鼓，再次拜访陈教授。见了面，他一改自己的说话习惯，对陈教授说："陈教授，今天，我来拜访您，绝不是来向您推销。

过去我读过您的大作，上次跟老师谈过后，回家想想，觉得老师的分析很有道理。老师指出的在设计上我们所代理的电脑，确实有些特征比不上别人。陈教授，您在××公司担任顾问，这笔生意，我们遵照老师的指示，不做了!不过，陈教授，我希望从这笔生意上学点经验……"刘平说话时一脸的诚恳。

陈教授听了后，心里又是同情又是舒畅，于是带着慈祥的口吻说道："年轻人，振作点。其实，你们的电脑也不错，有些设计就很有特点。唉，我看连你们自己都搞不清楚，譬如说……"陈教授谆谆教导，刘平洗耳倾听，这次谈话没过多久，生意成交了。

这则案例中，推销员刚开始向他的准客户热情地推销，但却失败了，这是因为他忽略了对方的自尊心，大谈自己产品的优势。然而，他犯的错误就是，试图显得比客户更高明，这样是不会赢得客户好感的;同样，他能挽回败局，将一笔快泡汤的生意又做成，其原因是利用了人性的弱点，通过求教，满足了对方的自尊心，赢得了对方的好感，从而成功了。可见，抬高客户是赢得客户好感的一个重要方法。

那么，我们该如何抬高客户呢?

1.赞美式开场，赢得客户的好感和认同

与客户交谈，把其放到较高的位置上，并虚心地请教其问题，能满足其某种程度的虚荣心和好为人师的心理，可见，有时对客户的请教也是一种委婉的赞美方式。真诚地去请教客户，往往是打开销售之门的一把钥匙。比如，你可以这样说:

"陈总，我早就听说过您白手起家的故事，我真的很想请教一下您，当时您是怎么做出决定来创业的呢？"

"听说您是通信方面的专家，想请教一下您……"

"专家就是专家，您提的问题都与一般人不一样，都提到点子上了……"

"张先生，您在营销方面这么有研究，有机会一定当面向您请教……"

"李总，您公司目前在物流服务领域做得这么成功，当初您是怎么想起来开展这项业务的呢？"

2.放低姿态，适当使用讨教的语气求教

我们可以降低姿态，以讨教的语气进行交流，比如，你可以问对方："请问，您刚才说的电脑的配置，指的是哪些方面呢？"倾听时如此反馈，一来会体现出你在认真倾听，二来可以满足对方好为人师的心理，以此来促成销售。

虚心请教是让别人产生优越感也是体现自己谦逊态度的重要方式，所以你可以问对方："关于我的看法，你有什么意见？"

用这样的方式引发对方的思考，创造他说话的机会。而且，你也可能会因为让他有了说话的机会，而引发他对你的好感。

美国一位著名的哲学家说："驱使人们行动的最重要的动机是做个重要人物的欲望。"可见，说话谦逊，抬高客户，才会让对方听起来更悦耳舒服。这也是我们在开发客户过程中要使用的一项必备说话技能！

第 13 章

与观众聊，引人入胜赢得掌声

生活中，不少人都有当众说话的经历，而拥有出色的演说能力，也是我们每个人都希望获得的，事实证明，演讲能力出色的人，在其他领域也更有成就。那么，如何做好演说呢？其实这需要我们懂得与观众聊天，需要我们掌握观众的心理，有针对性地说话，方能博得掌声，赢得喝彩。

克服当众说话的恐惧与紧张，才能出口成章

现代社会，人际关系的重要性已经被提升到前所未有的高度，几乎每一个在社会上的人都需要与他人交流，甚至很多职场人士还常常需要当众说话。然而，并非每个人都是天生的演说家，大多数人一旦当众演讲，就会变得非常紧张，甚至磕磕巴巴地说不出话来。实际上，当众说话并非我们想象中得那么可怕，只要我们能够调整好心情，就能很容易地做到淡定自若，出口成章。当然，前提是我们必须腹中有物，否则不管是紧张还是放松，都做不到言之有物。

尤其是在现代职场，与人交流的能力已经成为衡量一个人综合素质的评判标准之一。假如一个有才华有能力的人，还能当众进行恰到好处的演讲，则一定会给人留下惊艳的印象，人生和职业生涯的发展也自然会拓宽道路。当然，一个成功的演讲者不但能够气定神闲，而且说出来的话总是能够打动听众的心灵。假如一个演讲者说起话来总是艰难晦涩，又如何能够与他人产生情感上的共鸣呢？正如一位教师如果想给学生一杯水，自己首先要有一桶水一样，一个成功的演讲者要想给听众带来收获，首先应该从学识、经验等诸多方面提升自己，其次还应该放松心情，气定神闲地面对听众朋友，这样才能让自己出口成章。

近来，公司正在内部展开招聘，想要从内部员工中提拔一位中层管理者。为此，所有员工都蠢蠢欲动，尤其是那些对于自己的职业生涯有规划的员工，更是想要抓住这个千载难逢的好机会，让自己得到发展。就连平日里沉默寡言的张坤，这次也暗中做准备，想要一举夺魁。当其他同事知道张坤也要参加竞选演讲时，不由得瞠目结舌，因为他们都觉得张坤是个非常沉默寡言的人，很难想象张坤为了晋升居然会站到大庭广众之下，释放自己内心的小宇宙。对于张坤的表现，那些平日里深知他内向性格和低调为人的人，都十分期待。

公开竞选演讲开始了，尽管张坤在上台之前数次告诉自己一定要保持冷静，千万不要紧张，但是他依然声音颤颤发抖，让听者的心也不由得紧张起来。如此说了几分钟之后，张坤无论怎么努力都无法使自己恢复平静，他索性停止演讲，平复心情，又坦然告诉台下的面试官和同事们："实在抱歉，在座的都是我的前辈和老师，请允许我平静下激动的心情。"台下给予了张坤鼓励的掌声，过了半分钟，张坤开始继续演讲，果然恢复了平静。就在张坤演讲刚刚结束之际，一个面试官突然问："如果让你当管理者，为了提升工作效率，你会如何做？"这个问题一出，举座哗然，张坤也有些紧张，脑子瞬间空白，但是他马上就恢复了冷静，说："假如我是一名管理者，我会记得我首先是一名员工，我会站在普通员工的角度尽量了解他们的所思所想，毕竟他们是管理的客体，也是我工作的对象，所谓知己知彼百战不殆，说的就是这个道理。其次，我会尽量全面地了解公司的运营情况……"出乎所有人的预料，张坤居然侃侃而谈，足

足说了十几分钟，才讲述完自己的观点和见解。这无疑相当于一次简短的现场演讲，让每个人都对张坤刮目相看。最终，张坤成为了这次内部竞聘会上的一匹黑马，顺利得以晋升。

在这个事例中，张坤之所以能够竞聘成功，一则是因为他成功克服了自身的紧张情绪，二则是因为他腹中有物，所以面对主考官的突然发问，能够侃侃而谈，说得头头是道。任何一个演讲者，言之有物是对演讲最基本的要求。倘若一个演讲者总是说些空虚无聊的话，则无论如何也不可能打动听众，甚至还会使听众觉得枯燥乏味，最终对其留下恶劣的印象。

很多人在演讲的时候会故弄玄虚，这一点也是不可取的。任何时候，我们的演讲都应该打动听众的心，这样才能让听众与我们产生共鸣，由此拥护我们的观点，赞同我们的表述。当然，对于一场成功的演讲而言，淡定平和的心态是必不可少的，唯有以此为基础，我们才能最大限度地发挥自身的能力，用自信来感染听众。还需要注意的是，我们应该时刻保持自己的风格，千万不要人云亦云，也不要取悦听众。唯有如此，我们才能以自身与众不同的才华和表现得到听众的认可和赞赏。

与听众进行眼神交流，传达重视

在演讲过程中，许多人很容易忽视眼神的交流，他们通常是埋头看演讲稿，或者仰着头看天花板，似乎那些视线所接触范围内的东西比听众更重要。当然，造成这种现象的原因有很多，有可能是内心胆怯，不敢跟听众进行视线接触；也可能是个人习惯所致。但无论是出于什么样的原因，假如你在整个说话过程中，都忘记了去注视那些听众，那将会直接导致你演讲的失败，不管你的说话水平有多高，你的说话内容有多精彩，如果你忽略了最关键的一个环节，就会让听众感觉不受重视，或是认为你太过于胆小，或是认为你根本是心不在焉。如此一来，就好像你刻意地躲避他们的视线一样，他们也会自然地忽视你正在进行的演讲，转而去做另外的事情。

演讲最重要的一件事就是眼神的交流。因为与听众眼神的真切交流会为你开拓局面，保证听众的兴趣，而这些都有利于你演讲的成功，不仅如此，眼神交流还可以让你获取听众对你演讲效果的反馈。当轮到你上台说话时，需要暂停一下，先看看你的听众，这时眼神在无声无息地传送着信息。在眼神里，你可能正在传达这样的语言："我对你们很感兴趣，请听我说，我有一些东西想要和你分享。"

一位老师讲述了这样一件事：

昨天下午去听了实验室一位同学做的研究报告，我发现他在报告的过程中，视线几乎没有离开过电脑屏幕，只是一味地讲课，尽管不是照着那课件念，但我还是觉得缺少了点什么。

这让我想到了几个月之前我曾参加的一个学术会议，当时轮到我上台发言时觉得很紧张，而且觉得自己经验不足，因此在整个过程中我头也不抬，只是盯着电脑屏幕自顾自地讲话，很快就讲完了。之后有个专家提问环节，如今对于那些专家提出来的关于学术上的问题我已经模糊不清了，

但我记住了一个外国专家给我的建议，他说："我不知道你是因为紧张还是其他什么原因，但我建议你下次做报告时与听众要有眼神上的交流。"那位外国专家的建议对我十分受用，这让我在上课时更加注重与学生们的眼神交流，自然我的教学水平也因此得到了提升。

实际上，与听众在眼神上的交流可以让你明白听众的一些心理活动，是同意，反对，还是疑惑，依据听众的这些反馈，我们则可以适时地调整谈话进度和重点，从而获得一个很好的演讲效果。

在对你的演讲材料足够熟悉的基础上，你可以尽可能频繁地与听众进行视线接触。如果你的眼光一成不变地盯着窗外或看着天花板，听众的注意力就会被你从演讲内容上引开。过了一段时间，听众关注的焦点会开始转移到别处，他们并没有认真听你的说话。而与听众视线接触还需要掌握技巧，直视他人的脸意味着坦率和兴趣，而目光游移或者躲躲闪闪则被认为是心怀鬼胎或狡猾诡诈。

通常说话者与听众进行的眼神交流，不仅仅是盯着前排或一两个听众，而是所有的听众。而且，这样的眼神交流是绝对真诚的，而不是虚假的。

在下面这两个关键时刻，你更需要与听众保持视线接触：

1.说话开始

还没有步入正轨时，你可以用点头示意和积极的面部表情回应对你做出支持性回应的听众。看着他们并利用他们的支持来帮助你度过这段令你感觉不舒服的时间。

2.说话过程中

你一旦开始说话，就应扩大你的视线接触范围，使之包括所有的听众。你需要做的是直视单个听众的眼睛，并保持这种视线接触至少 3 秒钟以上，不要迅速地从一排排脸上扫视而过。在整个房间内随意地移动你的视线，不要掉入一种单调刻板的模式，前后左右地环视你的听众。你可以选择一个人作为焦点，然后再换一个人，眼睛慢慢地从一个移到另外那个人身上，在每一个人身上停留两到三秒，眼睛直视听众，或看着他们的鼻梁或下巴。寻找到那些看起来很友好的听众，向他们微笑，然后转向那些面带疑惑的听众，也逐渐朝着他们微笑。

善用幽默修辞，让听众开心一笑

恩格斯说："幽默是具有智慧、教养和道德上优越的表现。"领导者在讲话中要善于运用幽默的修辞。纵观古今名人，凡是成就大事者，无不具有幽默的细胞。著名文学家萧伯纳一句"你撞了我可以四海名扬"，使骑车撞了他的小伙子脱离尴尬境地；音乐大师莫扎特以顺藤摸瓜式的幽默让轻狂的学生低头信服；政治家俾斯麦以偷梁换柱的幽默道出了女人的通性。他们有崇高的理想，渊博的学识，心胸广大而待人宽容；他们处事不惊，遇挫不怒，而是用那小小的幽默来扭转颓势；不必捧腹大笑，不必脍炙人口，有时一个微笑，一个小小的恶作剧，就会让你豁然开朗，拨云见日。

一段精彩的幽默演讲，有时会让人一辈子不忘，你的形象会被听众们

长久地储存在记忆深处。列宁认为，幽默是一种优美的、健康的品质。幽默按照其修辞表现手段的不同，有不同的修辞手法，下面我们举例说明常见的几种幽默修辞。

1.借代

借代修辞就是指不直接说出要说的事物，而借用与它有密切关系的事物来代替，或用事物的局部代替整体。借代可使语言简洁、生动、形象化，唤起读者的联想。

邓小平同志在讲到尊重知识、尊重人才、充分发挥知识分子的作用时说："要充分发挥知识分子的专长，用非所学不好。有人建议：对改了行的，如果有水平，有培养前途，可以没收一批回来。这意见是好的。'四人帮'创造了一个名词叫'臭老九'，'老九'并不坏，《智取威虎山》里的'老九'杨子荣是好人嘛！选错就错在那个'臭'字上。毛泽东同志说，'老九'不能走。这就对了，知识分子的名誉要恢复。"

在这里，邓小平同志把"老九"借代为"知识分子"，并引用毛泽东"老九不能走"这句话，风趣幽默地表达了自己的观点。

2.拟人

拟人就是根据想象把事物当作人，赋予事物以人一样的思想和行为的一种修辞方法。在讲话中运用拟人的修辞手法就是把物当作人来讲，把物人格化。拟人修辞主要有三个特点：所讲事物必须具有人的特点；讲话中不能出现比喻词；不能出现表示人物的词语。

3.讽喻

讽喻就是用富有机智和幽默情趣并寄寓深刻哲理的虚构故事，来阐明某种道理。简单地说，就是用讲故事的办法来比喻事物，说明道理，达到启示，诱导或讽刺谴责的目的。在讲话时，有的道理不便于直说或明说，或者不容易说得明白、动听，就用讲故事的方法来说明道理。讽喻又分为两种形式：引述、编写。

4.仿拟

仿拟是一种重要的修辞手法，它是一种巧妙、机智、而有趣的修辞格。仿拟就是故意模仿套用已有的固定语言形式来叙说的一种表达方式。它有意仿照人们熟知的现成的语言材料，根据表达的需要临时创造出新的语、句、篇来，以使语言生动活泼，或讽刺嘲弄，或幽默诙谐，妙趣盎然。在运用时所仿拟的一般是人们所熟知的语言材料，如成语、谚语、名言、警句等。

5.反射

反射是指在现场套用对方的话语来戏谑、反驳对方，这是一种语言回归，所要达到的目的就是以其人之道还治其人之身。

假若把你的各种优良特质比作钻石的各个侧面，幽默感则是钻石直接面向观众的那一面，可以时时折射出智慧的光芒。在有限的时间和空间之内，哪怕是初次见面的一次晚餐上，幽默都能让你一展才华，令人耳目一新，乐不可支，印象深刻。

引用故事，声情并茂更动人

在语言表达中，我们需要将语言与感情相融合起来，努力做到声情并茂，如此才能抓住听众的注意力。我们都有这样的经历，儿时临睡前父母坐在床边说故事的时候，他们那神情、那语言就好像已经化身成了故事中的主人公，而这样说故事的方式恰恰是我们喜欢的，其实，这就是声情并茂。作为演讲者，演讲得声情并茂才有人爱听，对听众才有吸引力，才容易取得好的效果。

学校里的徐老师虽然年过半百了，但他却拥有很多粉丝，这些粉丝都是听过他课的学生。如果你问学生为什么会这样喜欢徐老师，他们则会回答："讲课时声情并茂，十分精彩。"

原来，在课堂上，徐老师完全把自己融入进了课文故事中，时而是狡猾的狐狸，时而是聪明的小白兔，时而是声音颤抖的老人，表情生动，声音惟妙惟肖，逼真极了。这样一来，无论是多么枯燥的课文，只要是徐老师来上课，那整个课堂就会变得活跃起来。

声情并茂地说话，实际上就是将个人的情感融入到说话过程中去，而不是把自己脱离出来。当情感真正地融入说话中去，那你的声音、神态、表情，甚至身体语言会随着内容的不同而发生相应地变化，就好像表演一样，只有真正地融入其中，才能更深入地表达出自己的想法和观念。

那在实际演讲中，如何做到声情并茂呢？

1.声音、情感与说话内容协调一致

声情并茂地说话，要求说话者的声音、情感与所说内容协调一致，悲伤时用沉重的语调，神情沉痛；高兴时用欢快的语调，面带笑容。这样才能更准确地用语言表达出内心的想法，听众也才能真正地被你带到其中。

2.切忌沾上表演的痕迹

虽然要求说话者声情并茂地说话，但并不是说说话者需要像演员一样去演戏，而是将自己真实的情感融入到说话中，不要太夸张，无做作的痕迹，这样才能大方自然地表现出自己内心的情感。

在演讲中，演讲者不仅需要使用具体生动的语言来说明问题，而且还需要运用生动的体态语言，以及优美动听的声音，如此才能真正地做到声情并茂。如果你只是空洞地说教，面无表情，一动不动地站在那里，即便你说得多么洋洋洒洒，也还是无法调动听众的情绪，这样你的讲话无疑就是事倍功半。

巧妙结束，令听众意犹未尽

对于每一个演讲者来说，结束语是一个极其重要的步骤，尤其是对于竞聘演讲来说更是如此。我们可以说，结束语是演讲者走向成功的垫脚石，结束语精彩，就好像乐曲结束时的"强音"，直达听众的心里；结束语糟糕，则就好像吃花生米，吃到最后一颗却发现是坏掉的，又苦又涩，这会让整个演讲都失去颜色。

俗话说："没有结束语的结尾平乏无力，可没完没了的结尾则是令人害怕的。"有的演讲者明明已经把所有该讲的内容都讲完了，但临在结束

时又讲了一些与主题无关或关系不大的话，这无异于画蛇添足，是听众最讨厌的。这样的结束语不仅搅乱了听众的思路，破坏了听众的兴趣，而且很容易让听众忘记之前的内容。因此，在表达结束语的时候，演讲者需要当断则断，当止则止，不要纠缠不清。

英国扶轮社的哈利罗德爵士，在爱丁堡大会上是这样结束演讲的：

当你们回家之后，有些人会寄一些明信片来给我。就是你们不寄给我，我也要寄给你们每位一张，而且你们会很容易知道是我寄的，因为上面未贴邮票。在上面，我要写一些字，是这样写着的：季节自己来，季节又自己去。你知道，世间一切都依时而凋谢。但有一件却永远像露水一般绽放鲜艳，那就是我对你们的仁慈和热爱。

这样的结束语，就好像马丁路德金在《我有一个梦想》的演讲中以"终于自由了，终于自由了，感谢万能的主，我们终于自由了"结束一样。这几句诗文正好表明了全篇演讲的旨意，因此这几句诗文用得十分合适。

在演讲过程中，既要有先声夺人的开头，更应有"画龙点睛"的结尾，给听众留下回味无穷，遐想联翩的余音。那在实际演讲中如何收好这个口呢？

1.不牵强附会，而是水到渠成

不管是以名言警句作为结束语，还是以自己的话作为结束语，都需要遵循一个原则：不牵强附会，而是水到渠成。让听众感觉到，这个结尾是自然而然地到来的，不是为了达到某种目的刻意为之，否则为了达到画龙点睛的效果而刻意选择结束语，那就偏离了演讲本身的要求了。

2.结束语需要有一定的高度

结束语的方式有很多，比如议论式的结尾、象征式的结尾、号召式结尾、风趣幽默式的结尾等。不论使用哪种方式作为结束语，都需要将语言提高到一定的高度，韵味深刻，调动听众的情绪，避免陈词滥调或语言平淡无味。

有时我们会听到诸如此类的结束语"我想我已经啰唆得够多了""我不知道自己是不是把这个问题讲清楚了""我通常并没有这么兴奋，也许是因为咖啡的缘故"，如此的结束语几乎可以毁掉整个演讲。

运用排比，增强气势

演讲者演讲要引人入胜，必须有气势，让听众感受到语言的压力，感受到力量。运用排比最能提升语言气势，可以让话语整齐明朗，富于节奏感，让听众感受到一种气势如虹、滔滔不绝的语气力量，给听众形成强烈的震撼力，使语气气势强劲，情感得到升华，形成强烈的表达效果。

排比这样的修辞手法一般由三个或三个以上结构相同或相似、内容密切关联、语气一致的词组或语句排列而成，用来表达同一范围、同一性质的事物，以增强语势，增强节奏感和旋律美，加强语言的力度。

马丁·路德金在1968年8月28日在美国华盛顿黑人集会上发表了一场精彩的演讲，其中他这样讲道：

然而，一百年后的今天，我们不得不面对黑人依然没有自由这一可悲

的事实；

一百年后的今天，黑人的生活依然悲惨地套着种族隔离和歧视的枷锁；

一百年后的今天，在物质富裕的汪洋大海中，黑人依然生活在贫乏的孤岛之上；

一百年后的今天，黑人依然在美国社会的阴暗角落里艰难挣扎，在自己的国土上受到放逐。

这里用了排比句，从黑人没有自由，受着种族隔离和歧视，过着贫乏的生活乃至受虐待、遭放逐，集中揭露了黑人悲惨的生活现状，给人以心灵的震撼。既把演讲者的思想和感情展现得淋漓尽致，又极大地感染了听众。

这里需要注意：

①从实际需要出发，根据实际条件恰当运用。不能为追求形式美而增加内容，勉强地去凑排比句。

②排比的形式应根据实际灵活选择，无论是词的排比、句的排比，还是段的排比都是灵活运用的形式。排比中每一部分都应该是平等独立、互不包含的。而在顺序上，最好能够由轻到重排列，层层深入以达到气势如虹的效果。

③掌握排比句使用的度，适可而止，不能盲目使用，有时候多了反而会影响到语言表达的效果。

运用一番排比句，不仅加重了语气，更让听众的情绪为之不断提高，是非常有感染力的。如果演讲者在讲话中灵活巧妙地运用排比，就可以增强语势和感情色彩，给人以强烈的震撼力。当然，排比句的运用，也不是多多益善的，需要注意场合与语境。

参考文献

[1]陈建伟.跟谁都能聊得来[M].北京：中国工商联合出版社，2016.

[2]刘丽云.所谓情商高，就是会说话办事[M].北京：三辰影库音像出版社，2017.

[3]马彦威.再也不怕跟陌生人打交道[M].北京：中国纺织出版社，2018.

[4]杨岳城.跟谁都能聊得来[M].北京：中国纺织出版社，2017.